Dieses Buch gehört

Knaur

Von Jürgen Sprenzinger sind außerdem erschienen:

Lieber Meister Proper
Sehr geehrter Herr Maggi

Über den Autor:

Jürgen Sprenzinger, geboren 1949, wurde schon mit vier Jahren von seiner Mutter zum Kinderarzt geschleppt, weil sie dachte, der Bub spinnt. Der Doktor diagnostizierte »eine unwahrscheinliche Phantasie« und operierte ihm die Mandeln und die Nasenpolypen raus. Was das miteinander zu tun hatte, ist ihm bis heute nicht klar. Die Schule mußte er wegen einer unheilbaren Lehrerallergie vorzeitig verlassen. Statt dessen wurde er Gitarrist und Sänger in einer Band und gehorchte seiner Mutter, als sie sagte, er solle Radio-Fernsehtechniker werden. Mit dem Vorsatz, reich zu werden, gründete er sein eigenes Geschäft, machte aber schnell pleite, weil er Umsatz mit Gewinn verwechselte. Es schloß sich eine Karriere als Außendienstler einer Schraubenfirma an, weil er schon als Kind lieber geschraubt hat als genagelt. Und so schraubte er sich nach relativ kurzer Zeit in eine höhere Position. Nach mehreren Zwischenspielen auf der Bühne eines Augsburger Theatervereins entdeckte ihn der Film. In dem Kultstreifen *Xaver und sein außerirdischer Freund* gab er sein Debüt als begnadeter Schauspieler in einer Zwei-Minuten-Rolle. Nur knapp entging er einer Oscar-Nominierung für die beste Nebenrolle, vor der ihn nur rettete, daß die Leute in Hollywood den sinnigen Inhalt des Films wohl nie begriffen haben. Ersatzweise schreibt er Gedichte über die schönsten Dinge des Alltags.

Jürgen Sprenzinger

Liebeserklärung an die alltäglichen Dinge

Knaur

Besuchen Sie uns im Internet:
www.droemer-knaur.de

Originalausgabe Mai 1999

Illustrationen im Text: Kurt Klamert
Umschlaggestaltung: Agentur Zero, München
Satz: QuarkXPress im Verlag
Druck und Bindung: Clausen und Bosse, Leck
Printed in Germany
ISBN 3-426-61261-5

5 4 3 2 1

Inhalt

Das Aquarium
(sehr feucht)

Ich hab ein Aquarium,
da schwimmen Fische drin herum.
Und außenrum ist es aus Glas –
drum seh ich das.

Die Fischlein schwimmen hin und her –
ach, wenn ich doch ein Fischlein wär!
So denk ich mir und stehe stumm
und schau in mein Aquarium.

Die Fischlein schwimmen so geschwind
und haben viel gekostet!
Drum bin ich froh, daß Fische nicht aus Eisen sind,
sonst wären sie im Wasser – wahrscheinlich
schon verrostet!

Ich und mein Telefon

Mein Telefon, mein Telefon,
du klingelst und ich springe schon.
Doch weil ich so gesprungen bin,
ist jetzt mein rechter Haxen hin.

Ich bin gesprungen wie ein Reh,
mein Gott, tut mir der Haxen weh.
Mir läuft schon fast das Blut davon
Nur du bist schuld – o Telefon!

Welch ein Elend man doch hat,
mit einem Fernsprechapparat.

Tiefsinniges Gedicht
über einen Fahrradschlauch und dessen tragisches Ende

Mein Fahrradschlauch
war jahrelang
in Gebrauch.
Sein Ventil
übrigens
auch.

Doch dann kam jener schwarze Tag,
an dem ein verrosteter Nagel
auf der Straße lag.
Dies war das Ende vom Fahrradschlauch –
vom Ventil
übrigens
auch.

Durchlöchert ist mein Fahrradschlauch
und da nicht dicht,
werf ich ihn weg, den Fahrradschlauch.
Das Ventil –
übrigens
nicht.

Tod einer Fliege

Eine Fliege flog herum,
da flog sie an die Wand –
und bumm!

Aus ist's mit dem Fliegenspiel –
macht gar nix – Fliegen gibt es viel zu viel!

(Die Fliege war übrigens gleich tot
und hat nicht mehr viel leiden müssen.)

An mein Klopapier

Klopapier, mein Klopapier –
o Klopapier, wie hilfst du mir!
Ohne dich – herrje, o Graus –
mein Popo sähe anders aus!

Du bist so zart, du bist so soft,
liegst sanft in meinen Händen.
Ich habe mich gewundert oft,
wie manche Menschen dich verschwenden!

Du umschmiegst mein Hinterteil,
was meines Leibes Zierde ist –
dafür wirst du stets aufs neu
von meinem Hinterteil geküßt.

Ohne deinen eindrucksvollen Rückhalt,
diesen schnellen, raschen,
wäre ich viel schlechter dran:
Ich müßte meinen Popo dann –
vermutlich öfter waschen!

Klagelied eines Fußballs

Abgewetzt und rauh mein Leder,
ich bin ein Fußball –
mich tritt ein jeder.

Mich treten zweiundzwanzig Mann,
macht vierundvierzig Beiner –
jeder tritt mich, wie er kann,
und scheinbar liebt mich keiner!

Ich liege auf dem Rasen,
und finde keine Ruh –
schon haut mir der nächste eine rein
mit seinem Fußballschuh.

Mit Schmerzen flieg ich in die Höhe,
mir ist nicht wohl dabei –
ich habe nämlich ein Problem:
Ich bin nicht schwindelfrei!

Ich lande unsanft auf der Erde,
doch ist der nächste schon bei mir,
er schlägt mich wie der Huf vom Pferde
und tritt mich wie ein wilder Stier.

Ich rolle schnell in Richtung Tor
und seh das Netz mit Grauen,
zudem steht ja ein Mann davor –
der will mich wieder hauen!

Ich weiche aus, mach eine Wende,
ich rolle Richtung Osten,
doch da schlägt mich wieder einer –
ich knalle an den Pfosten.

Ich pralle ab und fliege wieder
durch die Luft, so schnell ich kann –
ins Gesicht von diesem kleinen,
unscheinbaren schwarzen Mann.

Der hat mich zwar noch nie getreten,
doch ich find ihn dumm.
Warum, so lautet hier die Frage,
steht der in meiner Flugbahn rum?

Ich höre nun die Pfeife
und alle geh'n vom Feld.
Das Publikum umjubelt diese Schläger –
doch eigentlich bin ich der Held!

Abgesang auf eine Kartoffel

Kartoffel, die du lagst als Knolle
einst in der feuchten Erdenscholle,
brutal hat man dich rausgezerrt,
in einen Sack dich eingesperrt.

Liegst in der Küche nun bei mir,
und ich hab ein Problem –
stundenlang denk ich schon nach:
Was mach ich nun aus dir?

Mach ich aus dir nun Pommes-Fritten,
in feine Stäbchen rasch geschnitten?
Oder wenn ich mir ein Würstchen brat –
und eß dazu dich als Salat?

Da fällt mir ein, so nebenbei:
Du wärst ja auch nicht schlecht als Brei!
Oder sollt ich dich versuchen
vielleicht sogar als Reibekuchen?

Schließlich wärst du auch ganz nett
als Kartoffelomelett –
und sehr fein wärst du, du Süße,
nicht zuletzt auch als Gemüse.

Ich könnt aus dir auch Suppe machen
oder Klöße, dick und rund –
lauter solche tollen Sachen
und außerdem auch sehr gesund!

Seit Stunden denk ich hin und her
und plötzlich merke ich:
So wie du bist, so laß ich dich –
denn vor lauter Überlegen
hab ich keinen Hunger mehr!

(Die Kartoffel wurde am 9. Dezember 1998 um 19.34 Uhr dann doch noch verspeist – und zwar als Bratkartoffel …)

Schicksal eines Brösels

Bin Teil vom Ganzen einst gewesen,
doch man hat mich übersehen.
Jetzt kehrt zusammen mich der Besen,
vom Tisch gefallen – ein Versehen.

Krümel nennt mich mein Verzehrer,
doch ich heiße lieber Brösel.
Wär etwas schwerer ich gewesen,
hätt er aufgepaßt, der Schnösel.

Energie sollt ich ihm spenden,
doch nun lieg ich hier im Dreck.
Soll ich mein Dasein so beenden?
Wirft er mich so einfach weg?

Und wie ich in Gedanken bin
und überlege alles so,
kommt eine kleine Kellerassel,
sieht mich – frißt mich – und ist froh!

*(Besagte Kellerassel hat an diesem Brösel
ganz schön zu kauen gehabt!)*

Das Gedicht vom Kochlöffel

Die Hausfrau gibt sich alle Mühe –
sie kocht aus vollem Herzen.
Sie taucht mich in die heiße Brühe –
denkt nie an meine Schmerzen!

Wie haß ich diesen Topf mit Suppe,
in dem ich täglich bade –
wie haß ich diese blöde Suppe,
die ungesalzne fade!

Ich bin aus Holz, ich geb's ja zu,
doch irgendwann war ich mal Baum,
war grün und hatte Blätter dran –
ans Kochen dacht ich damals kaum.

Ich war der höchste Ast von allen,
stand hoch hinauf, war ungebrochen,
doch wie tief bin ich gefallen –
als Löffel helf ich heut beim Kochen!

Das Gedicht von der Euro-Sau
(fängt groß an und hört klein auf)

Heut bild ich mir was Feines ein,
drum schau ich mal beim Metzger rein.
Schnitzel eß ich gern vom Schwein
und: groß und saftig soll es sein.

Ich schmeiß es in die Pfanne –
ach herrlich, fein – es brutzelt toll!
Meine ganze Pfanne
ist mit dem Schnitzel voll!

Doch als ich nach dem Fleische schau,
weg ist mein Schnitzel von der Sau!
Nicht saftig, groß und lecker fein –
nein: jetzt ist es saftlos, schrumplig, klein!

Enttäuscht sag ich zu meiner Frau:
»Schei… nbar war's 'ne Euro-Sau!«
Ach wie so trügerisch der Schein –
wo ist das Schnitzel hin vom Schwein?

Man sollt dem Züchter eine kleben,
den Eurokraten nicht vergeben!
Und ich wünscht mir für das arme Schwein,
es wäre noch am Leben!

(Wir haben anschließend Ölsardinen
aus der Dose gegessen.)

Meine alte Küchenuhr

(Drama)

Meine alte Küchenuhr
hing seit vielen langen Jahren
immer in der Küche nur.
Sonst wär's ja keine Küchenuhr.

Meine alte Küchenuhr
tickt seit vielen Jahren stur –
so stur ticken kann ja nur
eine alte Küchenuhr.

Meine alte Küchenuhr
fiel heute von der Wand –
sie hing an einem Nagel nur,
dem Nagel von der Küchenuhr.

Meine alte Küchenuhr
geht seit heut nicht mehr.
Und schuld ist dieser Nagel nur,
der Nagel von der Küchenuhr –
sie war ihm viel zu schwer!

Ansichten eines Eis

Im Nest bin ich zur Welt gekommen,
oval, zerbrechlich und ganz weiß,
von Mutter Henne fortgenommen,
die mich gelegt mit sehr viel Schweiß.

Jetzt lieg ich im Karton verpackt,
mit andern Kameraden,
ich fühle mich total vergackt,
ich fühle mich verraten!

Nach dem Willen meiner Mutter
sollte werden ich ein Huhn –
nun steh ich zwischen Käs und Butter.
Vermutlich werd ich keine Henne –
weil ich völlig unterkühlt
in dieser Eierpackung penne.

Wenn noch mal auf die Welt ich komm,
dann werde folgendes ich tun:
ich werde nicht zuerst ein Ei,
sondern gleich ein Huhn!

Sehr tiefsinnige Gedanken eines Reserverads

Ich lieg im dunklen Kofferraum
und weiß nicht, was ich soll –
ich finde oft Beachtung kaum
und find das nicht so toll.

Viele Leute sagen,
daß man mich sehr nötig hat,
doch bin ich bloß das fünfte Rad am Wagen –
ich bin das Reserverad.

Gerne würd ich mich mal drehen,
dann wär das Leben nicht so fad,
würd gern die Welt von außen sehen,
doch lieg ich hier im Kofferraum –
ich bin das Reserverad!

Ich bin das Rad, das sich nicht dreht –
soll das mein Leben sein?
Was ist, wenn das so weitergeht?
Es kümmert sich um mich kein Schwein!

Ich lieg im dunklen Kofferraum
und wart auf meine Stunde
und hoffe jeden Tag aufs neu:
Da draußen einer von den vieren
geht endlich vor die Hunde!

*(Am 24. Juni ist dann tatsächlich ein Reifen geplatzt
und das Reserverad kam unmittelbar darauf zum Einsatz.
Es hat sich wahnsinnig gefreut!)*

Eloge einer unbekannten Hausfrau an ihre Waschmaschine

(mit leicht erotischem Touch)

Ach, du geliebte Waschmaschine, heißgeliebtes Ding,
wenn ich dich nicht hätte, wie schlecht es mir wohl
ging!
Wäsche waschen Tag für Tag –
groß wär die Mühe, schwer die Plag!

Hätte ich nicht dich,
es wäre schlimm für mich!
Müßte schrubben, spülen, reiben –
doch dank deiner Hilfe kann ich einfach sitzen bleiben.

Nehm locker meinen Wäschehaufen,
geb etwas Pulver dir dazu,
ich stopf dich voll, ich laß dich laufen,
schalt dich ein – den Rest machst du!

Deine Trommel, welche voll,
dreht sich rasend schnell, wie toll!
Und wenn es dann ans Schleudern geht,
die Trommel sich noch schneller dreht!

Herrlich machst du's, so mechanisch –
müßt ich's machen, wär ich ja manisch.
Drum laß dich küssen, streicheln, herzen,
du Automat, so fabelhaft,
denn fielst du aus, es würd mich schmerzen –
ich bewundre deine Kraft!
Du sparst mir Arbeit und viel Schweiß –
ich lieb dich heiß!

(Wie schrieb schon Friedrich, der Schillernde:
»Von der Wäsche weiß – rinnen sollt' kein Schweiß!«)

Klagelied eines Bleistiftspitzers

Ein Bleistiftspitzer steht recht dumm
auf einer Schreibtischplatte rum
und denkt:
»Wie ist das Leben fad,
wenn man nix zu spitzen hat.
Und wenn ich nicht spitzen kann –
was soll ich dann?

Ein Spitzer, der nicht spitzt,
ist wie ein Ofen, der nicht hitzt,
wie ein Eisen, das nicht bügelt,
wie ein Flugzeug, das nicht flügelt,
wie ein Rad, das keine Nabe,
wie eine Biene ohne Wabe,
wie eine Amme ohne Brust –
deshalb sag ich ganz bewußt:

Früher war'n die Zeiten besser,
und es gab sehr viel zu tun,
kam mancher Bleistift unters Messer –
doch wo sind die Stifte nun?«

Ich überlege hin und her
und komme zu dem Schluß:
Bleistifte gibt es heut nicht mehr,
weil heute scheinbar jeder
mit Kugelschreiber schreiben muß!

Der eingewachsene Zehennagel
(Rache ist süß)

Man hält mich kurz,
man weicht mich ein,
man schmiert mich an,
doch ich wachs ein.
Ich bin gemein!

Ich bin's,
der Nagel an der Zeh,
und deshalb tu ich höllisch weh.
Wie könnt es denn auch anders sein –
ich bin gemein!

Ich bohr mich tief ins Fleisch hinein,
kann gern auch etwas eitrig sein.
Entzünde mich und bin ganz rot.
Ich bohre, schmerze wie ein Schwein –
ich bin gemein!

Man lockert mich,
man tupft mit Tee,
auf daß der Schmerz vorübergeh.
Doch ich bin klein –
und so gemein!

Ich kann so richtig böse sein,
und bohre kräftig weiter,
ich bin ein Nerven-Reiter!
Mein Träger hält kaum aus die Pein –
ich bin gemein!

Doch wenn ich dann
den Doktor seh,
der mich abzieht von dem Zeh ...!
Dann frag ich mich: Muß das denn sein?
Ist der gemein!

Zwei Schwiegermütter im See
(oder: Der Wunschtraum)

Zwei Schwiegermütter gingen baden
in einem See bei Berchtesgaden.
Die eine ist ersoffen.
Und von der andern
woll'n wir's auch erhoffen!

Das Gedicht von der Leberwurst

Hab ich Hunger, hab ich Durst,
hol ich mir 'ne Flasche Bier,
streiche mir aufs frische Brot
die geliebte Leberwurst,
und eß ich dies, dann schmeckt es mir.

Leberwurst, o Leberwurst,
hätt ich dich nicht heut,
dann würd ich glatt verhungern –
bist mir die höchste Freud!

Du wunderbare Wurst der Leber!
Ein Lob dem Metzger, ihm, dem Geber,
der füllt dich in des Rindes Darm.
Und seh ich dich im Tresen liegen,
wird es mir ums Herz ganz warm.

Gäb's dich nicht, o Leberwurst,
es würde mir sehr stinken!
Was bliebe mir im Leben dann?
Bestenfalls ein fader Schinken!

Mein Gebiß
(fehlend)

Am Grund des Glases es verweile
über Nacht, daß ich's nicht vermiß,
eines meiner besten Teile –
es handelt sich um mein Gebiß.

Nachts, da schlaf ich, träume faul,
brauch kein Gebiß, denn ich halt's Maul,
und auf meiner Träume Reisen,
muß ich äußerst selten beißen.

Doch neulich erst, da träumte ich,
ein wildes Tier wollt beißen mich.
Mußte mich auch beißen lassen,
konnte mich nicht wehren ohne Zähne –
ergo mußt ich passen.

Bin schweißgebadet aufgewacht,
hab mein Gebiß mir reingemacht.
Zurück ins Bett, bald eingeschlafen,
und noch im Halbschlaf ich mir schwor –
so etwas kommt mir nie wieder vor!

(Im nächsten Traum habe ich dann zurückgebissen!)

Der Siphon
(philosophisches Gedicht)

Unter meiner Spüle Becken
ist der Siphon wohl versteckt.
Der Siphon macht mir ein Problem,
er ist verstopft, nicht dicht – er leckt.

Jahrelang war er ergeben
und führt ein stilles Siphon-Leben.
Duldsam schluckt er alles weg,
selbst den größten Abwaschdreck.

Alte Brösel, fette Reste,
Alkohol oft nach dem Feste,
Seife, Kaffee, Terpentin,
es war zuviel – nun ist er hin!

Der Siphon soll ein Beispiel sein,
und will uns damit sagen:
Mensch, friß nicht alles in dich rein,
denn auf die Dauer, lieber Freund,
wirst du es nicht vertragen!

Die Spiegeleier

(frei nach Johann Wolfgang v. Goethe – mit äußerst dramatischem Ausgang)

Was brutzelt so spät noch in der Nacht?
Drei Spiegeleier, die ich gemacht;
hab Fett genommen, ich bin nicht arm,
die Pfanne hält die Eier warm.

Meine Frau kommt, fragt: Was birgst so bang du dein
Gesicht?
Siehst, Frau, du den Rest von der Schale nicht,
der schwimmt in der Pfanne recht bleich und heiß?
O Mann, es ist vom Ei doch nur das Weiß!

Du lieber Mann, komm, geh mit mir!
Ich koche doch was anderes dir.
Laß uns die Eier schnell vergessen,
du kannst doch auch was anderes essen!

Meine Frau, meine Frau, und hörst du nicht,
was das Ei in seiner Pfanne mir verspricht?
Mein Mann, bleib ruhig, komm, sei so nett;
es zischt in der Pfanne das brutzelnde Fett.

»Komm«, spricht das Ei, »komm in die Pfanne,
es ist so schön wie in der Badewanne;
zieh aus dir die Hos, das Hemd, die Strümpfe,
und mit den deinen sind wir fünfe!«

Meine Frau, meine Frau, und siehst du nicht dort
die Pfanne am Herd, dem heißen Ort?
Mein Mann, mein Mann, ich sehe gar viel,
ich sehe sogar den Pfannenstiel.

»Komm in die Pfanne, uns reizt deine schöne Gestalt;
und bist du nicht willig, so brauchen wir Gewalt.«
Meine Frau, meine Frau, ein Ei springt mich an!
Die Eier haben mir ein Leid getan!

Meine Frau, sie grauset's, sie rennet geschwind
zum Telefon und ächzt wie ein Kind,
erreicht es gerade mit Müh und Not;
doch die drei Spiegeleier, sie waren schon tot.

Gefunden

(frei nach Johann Wolfgang v. Goethe – mit nebulösem Ausgang)

Ich ging im Wald
mit dem Hund so für mich hin,
ihm Bällchen zu schmeißen,
das war mein Sinn.

Im Schatten sah ich
ein Mädchen stehn,
Wie Scheinwerfer leuchtend,
die Äuglein so schön.

Ich wollt mit ihm sprechen,
da sagt's Mädchen fein:
»Nein, nein, du Böser,
laß mich allein!«

Ich fragte das Mädchen, das nette,
was es denn gegen mich hätte.
Es sprach: »Ach, im Grunde rein gar nichts,
eigentlich such ich nur eine Toilette.«

Mit nach Haus nahm ich s' Mädchen,
an einen stillen Ort.
Da hockt es nun –
und will nicht mehr fort!

Mein Gebiß – Teil 2
(immer noch fehlend)

Ging einst mit guten Freunden essen,
das Essen war sehr exquisit.
Doch schon beim ersten Bissen merkt ich:
Mein Gott, ich hab's Gebiß daheim,
ich habe mein Gebiß nicht mit!

Natürlich war ich sehr schockiert.
Ich bat den Wirt um schnelle Hilfe.
Der war zuerst sehr amüsiert
und hat das exquisite Essen dann –
im Fleischwolf einfach durchpüriert.

Die Dosenmilch
(mit gewalttätigem Ausgang)

Meine Dosenmilch, nur du
bist meine süße, kleine Kuh!
Ich brauche dich wie meine Hose,
oh, du Kondensmilch aus der Dose!

Mein Kaffeeglück, das bist nur du,
zum Kaffee geb ich dich dazu –
was wären Speisen aller Art,
wär'n sie nicht mit dir gepaart!

Homogenisiert bist du –
für Bakterien tabu!
Mit Eiweiß, Fett, reich an Gehalt,
bekommt mein Kaffee erst Gestalt!

Doch grausam ist des Lebens Lauf,
denn immer wieder frag ich mich:
Wie krieg ich diese Dose auf?
Ach, Dosenmilch, ich liebe dich!

(Ich habe die Dose mit Hammer und Meißel aufgemeißelt.)

Meine Computertastatur

Meine Computertastatur
mit ihren vielen Tasten
bringt mich auf die Palme nur
und läßt mich oft ausrasten.

Meine Computertastatur
hat hundertsieben Tasten (nur!),
jedoch drück ich die falschen Tasten,
wird der Computer mir ausrasten.

Auf der Computertastatur
schreib ich mit zwei Fingern nur.
Schriebe ich mit allen zehn,
würd das fünfmal schneller gehn …

Die Computertastatur schmeiß ich jetzt an die Wand –
und schreibe das, was ich schreiben sollte,
am besten wieder mit der Hand –
was ich sowieso tun wollte!

Die Moritat von der Nachbarin

Seh ich die schöne Nachbarin,
kommt mir die Ehefrau in'n Sinn,
die eifersüchtig mich bewacht,
sehr oft am Tag, meist in der Nacht.

Auch die schöne Nachbarin
sieht des öftern nach mir hin –
unsere Blicke treffen sich,
doch der Gartenzaun, er trennt uns ewiglich!

Meine schöne Nachbarin,
ist gestern ausgezogen.
Der Zaun stand immer zwischen uns,
da hat sie ihren Mann – mit einem anderen betrogen …

Ein Gartenzaun ist oftmals gut,
weil er die Menschen trennen tut.
Würde er sie nicht so trennen,
würden sie sich schwer verrennen!

Abgesang auf eine Zahnbürste

Geh ich des Morgens früh ins Bad,
dann ist meine erste Tat:
Ich drehe auf die Wasserhähne
und nehm die Bürste für die Zähne.

Ich putze her, ich putze hin,
ich putze rauf und runter,
und gar fröhlich ist mein Sinn –
Zähneputzen, das macht munter!

Würd ich nicht die Zähne putzen,
dann hätt ich, Gott bewahre,
auf den Zähnen wesentlich mehr Haare –
und die müßt der Friseur dann stutzen!

Selbstmedikation

Ich bin beim Doktor – bin erkrankt.
Kommt nicht oft vor – Gott sei's gedankt!
Der Fachmann in dem weißen Kittel
hat bestimmt für mich ein Mittel!

»Was, guter Mann, ist Ihr Begehren?«
»Ach Doktor, kann den Darm nicht leeren!«
Er hat Pillen mir verschrieben,
doch die Verstopfung ist geblieben.

Nicht weit her mit seiner Kunst,
keine Ahnung – blassen Dunst.
Hab dann Rizinus geschluckt.
Jetzt geht es wieder wie gedruckt.

Die Ballade vom Camembert
(sehr tragisch mit tödlichem Ausgang)

»Frau, bring eine Brotzeit her!
Ich hätt gern einen Camembert!
Und bring mir mit, du gutes Weib,
ein Bier und auch vom Brot den Laib!«

Da sagt die Frau: »Es wird sehr schwer,
denn er ist aus, der Camembert!
Doch mein Liebling, schau da:
ich hätt noch einen Gouda!«

»Was willst du mit dem Gouda, sprich?«
entgegnet der Mann und ärgert sich.
»Den Camembert, den wollt ich gern,
der andere Käse bleib mir fern!«

Da spricht die Frau: »Vom Camembert
blieb nur dieser Teller – leer,
blieb der leere Teller nur –
doch hätt ich noch an Romadur!«

»Was will ich mit dem Romadur!
Der Romadur, der stinkt doch nur!

Mach wie du's willst, bring endlich her
den geliebten Camembert!«

»Geliebter Mann, nun sei gescheit!
Es ist kein Camembert weit und breit.
Doch halt! Bevor ich es vergäße:
Da ist vom Emmental noch Käse!«

Der Mann zerschlägt vor Wut den Teller!
Er will keinen Emmentaler, will keinen Appenzeller –
er will seinen Camembert.
Die Frau begreift das scheinbar schwer.

Sie ist verwirrt, ist äußerst bitter –
nun nimmt das Schicksal seinen Lauf! –
legt auf den Teller den Tilsiter,
nimmt das Schlimmste nun in Kauf!

Des Mannes Arm erhebet sich
mit dem Brotzeitmesser.
Er blicket drein gar fürchterlich,
die Frau verschwindet besser!

Und in seiner großen Not
sticht er zu – er sieht jetzt rot!
Sticht hinein in des Brotes Laib –
und stellt sich vor, es wär sein Weib!

Der Elektrikerlehrling

(frei nach Goethe – Ähnlichkeiten mit dessen »Zauberlehrling« sind fast zufällig)

Hat der alte Elektromeister
Sich doch einmal wegbegeben!
Und nun sollen Hammer, Meißel
Auch nach meinem Willen leben.
Seine Wort und Werke
Merkt ich und den Brauch,
Und mit Geistesstärke
Tun sie mir Wunder auch.

Schlage! meißle,
Manche Rinne,
Daß, zum Zwecke,
Strom mir fließe
Und mit reicher, voller Spannung
In die Steckdos sich ergieße.

Und nun komm, du alter Hammer!
Nimm den Meißel groß, den tollen;
Bist schon lange Knecht gewesen:
Nun erfülle mir mein Wollen!

Auf zwei Beinen stehe,
Schlag los, du alter Tropf,
Eile nun und schlage
Auf den Meißelkopf!

Schlage! meißle,
Manche Rinne,
Daß, zum Zwecke,
Strom mir fließe
Und mit reicher, voller Spannung
In die Steckdos sich ergieße.

Seht, er schlägt den Meißel nieder,
Schlägt in die Mauer schon den Schlitz,
Und in Blitzesschnelle wieder
Haut er auf den Meißel nieder.

Schon zum zweiten Male!
Der Schlitz, ach, er wird ja viel zu lang!
Mensch, der Meister macht Randale,
Dem Lehrling wird es angst und bang!

Stehe! stehe!
Genug gehämmert!
Hab den Schlitz doch ausgemessen!
Ach, ich merk es! Wehe! wehe!

Hab ich doch das Wort vergessen!
Der Lehrling, er steht da, ist wie belemmert,
Sucht das Wort, worauf am Ende
Es wieder wird, wie es soll sein.
Ach, der Hammer schlägt behende!
Immer, immer, immer wieder,
Auf den blöden Meißel ein!

Immer neue Schlitze
Schlägt er in die Wand hinein,
Ach! und hundert Stücke Stein
Stürzen auf den Lehrling ein.

Nein, nicht länger
Kann ich's lassen;
Will am Stiele ihn denn fassen,
Doch haut er auf die Finger drauf,
Will sich nicht mehr stoppen lassen!

O du Ausgeburt der Hölle!
Soll es das ganze Haus zerreißen?
Sieht man schon an jeder Mauer
Löcher groß wie Waffeleisen.
Ein verruchter Hammer,
Der nicht hören will!

Werkzeug, welches du gewesen,
Steh doch wieder still!

Willst's am Ende
Gar nicht lassen?
Will am Stiele dich denn fassen,
Will dich halten
Und deinen alten Hammerstiel
Mit dem scharfen Beile spalten.

Seht, da schlägt er scheppernd wieder!
Wie ich mich nun auf dich werfe,
Gleich, o Hammer, haut's dich nieder;
Und er haut ihn mittels Beile
In zwei fast gleich große Teile.
Seht, er ist entzwei!
Und nun kann ich hoffen,
Schluß ist's mit der Hämmerei!

Wehe! wehe!
Kurz darauf
Stehn in Eile
Mit einem Mal
Plötzlich zwei der Hämmer auf!
Grinsend wie die bunten Spechte!
Helft mir, ach! ihr hohen Mächte!

Und sie hämmern wild drauf los!
Weg ist fast das Erdgeschoß!
Bald fällt jetzt die Decke ein.
Dies wird dann mein Ende sein!
Herr und Meister! hör mein Flehn!
So kann's doch nicht zu Ende gehn!

Ach, da kommt der Meister!
Chef, die Not ist groß!
Die ich rief, die Hämmer,
Werd ich nicht mehr los.

»Zurück in die Kiste,
Hammer! Hammer!
Und kein Gejammer!
Denn als Geister
Ruft euch nur der Elektromeister,
Alles sonst ist Scheibenkleister!«

Der Adventskranz

(vorweihnachtliches Gedicht – gerafft)

Der Adventskranz steht am Tisch
tannengrün und noch ganz frisch,
heute, Kinder, ist Advent –
eine Adventskranzkerze brennt!
Mein Gott, wie wird die Zeit verrennen,
wenn die nächste Woche schon
zwei Adventskranzkerzen brennen!
Und brennen erst mal diese zwei,
oh, wie rast die Zeit dahin,
brennen bald darauf gleich drei!
Brennen diese dreie hier,
brennen bald darauf auch vier.
Und schon brennen alle vier,
entzünden den Adventskranz mir,
und wenn dieser abgebrannt,
gibt es einen Zimmerbrand,
lichterloh nun alles brennt!
Dann endlich steht vor meiner Tür –
die Feuerwehr!

Doch das Christkind hat verpennt.

Die Seife
(ein aalglattes Gedicht)

Ich sitz im Bade, will mich waschen,
greife nach der Seife,
doch ist das ziemlich schwierig –
die Seife ist arg schmierig.

Sie gleitet durch die nasse Hand,
landet am Badewannenrand.
Plumpst in das Wasser, in das nasse,
und wartet seelenruhig darauf,
daß ich erneut sie fasse!

Ich tauche auf den Wannengrund
ich sehe meine Seife, und
strecke meine Hand nach ihr –
zack, da ist sie wieder weg!
Sie spielt Katz und Maus mit mir!

Ich steh auf und will mich bücken,
schwupps – da ist sie hinter meinem Rücken!
Zwischen den Beinen durchgeschossen –
und ich steh blöde da,
wie der Pudel, der begossen!

Doch ganz plötzlich fällt mir ein:
ich muß der Seife dankbar sein!
Denn die Moral von der Geschicht soll sein:
Laß dich nie mit Menschen ein,
die aalglatt und schmierig –
denn der Umgang mit denselben
gestaltet sich meist schwierig!

Ein Computerdrama auf der Almhütte

(mit überraschend freudigem Ausgang)

Auf der Alm, in der Höh
sitz i am Computer –
des is a störrischs Luder.

Vor der Hütt'n draußen schneits,
und drin mei Drucker –
der macht gar koan Mucker.

Irgendwas is hi –
hi is die Maschi.

Wenn mei Computer jetzt net geht,
steh i do und schau recht bled –
der Mond derweil am Himmel steht.

I frog mei Madl, die is gscheit,
was meim Computer jetza faiht –
doch's Madl woaß a net Bscheid.

Irgendwas is hi –
hi is die Maschi.

Hab aus der Hütt'n außiguckt,
hab an der Elektroleitung gruckt –
do plötzlich hot mei Drucker druckt.

Und i dann schnell drauf kemma bin,
der Computer, der war ja gar net hin –
es war nur gar kein Strom nicht drin.

Er war ja gar nicht hin,
war nur kein Strom nicht drin –
die Maschi war gar net hi.

(Dieses Gedicht kann auch mit Gesang gesungen und gegebenenfalls von einer Zither begleitet werden. Nur wenn gewünscht, natürlich. Doch sollte man dann zwischen den Strophen noch »holladiho, holladihö« einbauen.)

Damenwahl – mit tödlichem Ausgang

(frei nach Johann Gottfried Herder)

Er fährt so spät und fährt so weit,
fährt in die Tanz-Bar – zu allem fast bereit.

Da tanzen die Mädels auf dem Parkett,
eine Häßliche lächelt ihn an ganz nett.

»Willkommen, du Süßer, was eilst du von hier?
Geh mit aufs Parkett und tanz mit mir.«

»Ich darf nicht tanzen, nicht tanzen ich mag,
hab morgen einen schweren Tag.«

»Nun komm, mein Süßer, geh tanzen mit mir,
zwei Mark fünfzig schenk ich dir.

Einen Coco Batida so weiß und fein,
Meine Mutter braut' ihn im Mondenschein.«

»Ich darf nicht tanzen, weil zum Tänzer ich nicht tauge,
ich hab am Fuß ein Hühnerauge.«

»Hör zu, mein Süßer, geh tanzen mit mir,
einen Haufen Gold schenk ich dir dafür.«

»Den Haufen Gold nehm ich sehr wohl;
doch mit meinem Hühnerauge ich nicht tanzen soll.«

»Und willst du, Süßer, nicht tanzen mit mir,
dann mach die Fliege, hau ab von hier!«

Sie gab ihm einen Schlag aufs Herz,
noch niemals fühlt' er solchen Schmerz.

Sie schob ihn – er erbleichte – zur Eingangstür:
»Aus meinen Augen, hinweg mit dir!«

Und als er trat vor das Tanz-Bar-Tor,
stand zitternd seine Mutter davor.

»Hör zu, mein Sohn, sag an mir gleich,
wieso bist du so blaß und bleich?«

»O Mutter, da drinnen eine Braut,
die hat mich jämmerlich verhaut!«

»Hör zu, mein Sohn, so lieb und traut,
soll ich zur Brust mir nehmen diese Braut?«

»Nein, Mutter – sie kann ja nichts dafür,
tanzen wollt sie nur mit mir.

Ich hab ihr einen Korb gegeben,
dafür laß ich jetzt mein Leben.«

Er sinkt an ihre Mutterbrust,
schaut noch mal ins Morgenrot,

die Mutter schluchzt: »Hab's ja gewußt« –
doch ihr Sohn war tot.

Meinungen und Tatsachen

Der meint dies und jener das,
ein andrer meint, das wäre dumm.
Der vierte meint, das wäre was,
und der nächste wiederum –
hat keine Meinung und bleibt stumm.

Jeder glaubt zu wissen –
alle sind ja so gescheit.
Doch glaubt man jeder Meinung,
dann ist man schnell beschissen,
und damit kommt man dann nicht weit!

Meinungen sind oft nicht klar,
denn was ist daran real?
Hier lauert häufig die Gefahr,
drum sollte man fein unterscheiden:
Tatsachen sind meistens wahr –
Meinungen, das klingt brutal:
Meinungen sind oft banal!

Die entschwundene Jugendzeit
(und was danach so alles kommt . . .)

Ach, wie war die Jugendzeit
früher wunderbar –
alle Zähne war'n noch drin,
voll und dicht das Haar!

Gar scharf war die Pupille
und alles schien so klar,
man brauchte damals keine Brille,
die recht scharf geschliffen war.

Man hatte keine Gallenschmerzen,
und der Magen war gesund,
hatt' nie Probleme mit dem Herzen,
und einen Hintern, straff und rund.

Der Bauch war glatt und nicht so faltig,
der Urin nicht zuckerhaltig,
und ist dir mal ein Wind entfleucht,
war nicht gleich die Hose feucht.

Von dem vielgepriesenen Stück
blieb nur ein kleiner Schlauch zurück,
und er ist an dieser Stelle
kaum mehr eine Freudenquelle.

Auch die Damen merken schnell:
Dieser Hund macht nur Gebell,
und sie kommen zu dem Schluß:
Er ist sittsam, weil er muß!

Doch die Natur gibt ganz bewußt
auch Ersatz für den Verlust –
denn merke: Mit den Jahren,
wird man weise und erfahren.

Man weiß dann vieles
und wie's geht –
doch in aller Regel
ist es jetzt zu spät!

Der Regenschirm

Regenschirm, ich liebe dich!
Du bist der beste Freund für mich.
Wie wär der Regen widerlich –
hätt ich nicht dich!

Du gibst mir Schutz vor Regenwasser,
ohne dich wär ich viel nasser!
Du spannst dich schützend über mich –
Regenschirm, ich liebe dich!

Du bist der Freund in nassen Stunden,
beim Karstadt hab ich dich gefunden
zum Sonderpreis, fast lächerlich –
Regenschirm, ich liebe dich!

Regenschirm, du gibst mir Schutz
vor dem größten Regenschmutz,
der da aus den Wolken knallt,
und an deinem Dach abprallt!

Regenschirm, ich liebe dich,
doch lang schon quält die Frage mich:
Regenschirm, den ich so brauch,
Regenschirm, liebst du mich auch?

Die Motte

Offen stand das Fenster,
eine Motte flog herein.
Flog sofort zum Kleiderschrank –
wie könnte es auch anders sein.

Sie sucht herum im Kleiderschrank,
nagt an meinem besten Kittel.
Doch da hat sie Pech gehabt –
der war voller Mottenmittel.

Die Motte macht ein dämliches Gesicht,
denn mein Kittel schmeckt ihr nicht.
Und sie denkt sich voller Qual:
Besser wär vielleicht der Schal …

Doch auch der war präpariert,
mit Mottenmittel eingeschmiert.
Und schließlich hat sie dann kapiert:
Das war's dann wohl – und ist krepiert.

Guten Tag, hier spricht…
(oder: Die Probleme eines Anrufbeantworters)

Guten Tag, hier spricht
der Anrufautomat.
Und mein Herr ist momenat
nicht am Apparat.

Er ist ausgegangen
in der Frühe schon.
Und ich, der Anrufautomat,
bedien das Telefon.

Um neun Uhr ruft der erste an.
Ich sag mein schlaues Sprüchlein auf,
da schimpft der böse Mann:
»Bloß die Maschin ist dran!«

Als nächstes versucht es eine Frau.
Ich nehme ab, brav und genau,
sage schön mein Sprüchlein auf –
klick!, sie knallt den Hörer drauf.

So geht mir das den ganzen Tag,
weil niemand mit mir reden mag.
Ich hab es satt, ich schalte um
auf Nachtbetrieb –
und bleibe stumm!

Der Fotoapparat

Wohl dem, der einen hat:
einen Fotoapparat!

Ich knipse wie ein Wilder,
und mach die schönsten Bilder.

Und ist es dunkel und schon spät,
dann nehm ich auch das Blitzgerät.

Mit meinem scharfen Objektiv
mach ich manch Dia-Positiv.

Will ich besonders glücklich sein,
tu einen Kodak-Film ich rein.

Ich knipse manche schöne Frau,
aber auch im Stall die Sau.

Meine besten Freunde hab ich abgelichtet,
Doch leider haben die die Bilder dann vernichtet!

Ich weiß nicht, was er manchmal hat,
mein blöder Fotoapparat!?

Zwiegespräch mit meinem Spiegel

Hätt ich meinen Spiegel nicht,
würd ich niemals wissen,
wie es aussieht, mein Gesicht –
fänd's nicht so beschissen …

Mein Spiegel sagt mir sehr brutal:
»Schöner warst du schon einmal!
Du hast nun Falten im Gesicht –
und ein Adonis bist du nicht!«

Da denk ich: Lieber Spiegel mein,
gut, das alles mag wohl sein.
Doch innerlich, und das ist klar,
bin ich der, der ich schon immer war!

Und du, mein Spiegel, kannst mich mal –
denn du bist auch nur zweite Wahl!

Das Regenwurmgedicht

In meinem kleinen Garten,
da lebt ein Regenwurm.
Er gräbt tief in der Erde,
bei Regen, Wind und Sturm.

Er lebt in dem Gemüsebeet,
weil es ihm da glänzend geht.
Und er gräbt sich seinen Gang
unter einem Beet entlang.

In meines Nachbarn Garten
lebt auch ein Regenwurm.
Auch er gräbt in der Erde,
bei Regen, Wind und Sturm.

Er lebt im Beet vom Kopfsalat,
weil er da so viel Schatten hat.
Regenwürmer hassen Licht,
mögen keine Sonne nicht.

Im Stadtpark, mitten in der Stadt,
lebt auch ein Regenwurm.
Und auch er gräbt in der Erde,
bei Regen, Wind und Sturm.

Er lebt mitten in der Stadt,
weil er da viel Arbeit hat.
Und er gräbt sich seinen Gang
unter dem Asphalt entlang.

Am Waldrand bei der Autobahn
lebt auch ein Regenwurm.
Und der gräbt, so schnell er kann,
bei Regen, Wind und Sturm.

Er lebt an der Autobahn,
weil er da Auto fahren kann.
So kommt er schnell von da nach hier
und hat ein größeres Revier.

Im Friedhof an der Friedhofsmauer,
lebt auch ein Regenwurm.
Und der gräbt auf dem Friedhof rum
bei Regen, Wind und Sturm.

Er lebt an der Friedhofsmauer,
denn die Erde ist hier sauer.
Saure Erde mag er sehr,
sauren Regen noch viel mehr.

So gibt es viele Regenwürmer,
in dem ganzen Erdenrund,
noch hat kein Mensch sie je gezählt,
weil es gar nicht möglich ist:
Sie leben ja im Untergrund.

Der Taschenrechner

Mein Taschenrechner ist ein Schlauer,
er rechnet besser und genauer,
schneller auch als jedermann –
viel schneller noch, als ich es kann.

Mein Taschenrechner ist ein Wunder,
er rechnet Zahlen rauf und runter.
Er rechnet hin, er rechnet her,
tut so, als ob das gar nichts wär.

Ich rechne zwar nicht ganz so schnell,
bin mit Zahlen kein Genie,
bin im Kopf auch nicht so hell.
Dafür brauch ich aber nie
einen Strom aus der Batterie!

Das Gedicht von dem Kamillentee

Tut mir mal der Magen weh,
trinke ich Kamillentee.
Auch meine Frau nimmt statt der Pille
den guten Tee von der Kamille.

Habe ich das Zahnfleisch wund –
Kamillentee macht es gesund.
Hab ich am Hintern einen Pickel,
oft hilft mir ein Kamillenwickel.

Hab ich verstaucht mir einen Fuß,
hilft meistens ein Kamillenguß.
Auch bei 'nem gebrochnen Bein –
Kamillentee kann nützlich sein.

So hat Kamillentee oft schon
verhindert manch Operation.
Alle Ärzte wär'n passé,
tränken wir nur Kamillentee.

Tun mir mal die Bronchien weh,
inhaliere ich Kamillentee.
Zudem ist er besser auch
als der Zigarettenrauch.

Sollte ich dereinst mal sterben,
so ist dies mein Letzter Wille:
Einen Tee von der Kamille –
den bekommen auch die Erben …

Der kleine Unterschied ...

Jeder Bayer weiß,
Brezen kann man essen,
egal ob kalt, ob heiß.
Doch das weiß kein Preiß!

Leberkas ist wunderbar
für die Bayern immerdar.
Doch fragst an Preiß nach Leberkas,
dann fragt der z'ruck: »Was ist denn das?«

Eine Weißwurscht, die ist gut,
wenn man sie morgens essen tut.
Nur dem Preiß ist das egal –
er kennt die Weißwurscht nicht einmal ...

Sagst zum Preiß: »Geh, trink a Maß!«
Dann fragt der dich: »Was ist denn das?«
Und sagt: »Ich finde Bayern Scheiße!
Da gibt's nicht mal Berliner Weiße!«

»Mogst an Schmalzler – do geh her«,
sagst zum Preiß, und da schaut der
wie auf der Weide eine Kuh:
»Ich stopf mir nicht die Nase zu!«

»Geh nimm a Pris, des is was Feines,
so ein Schmalzler ist was Reines!
Und er ist so rein wie Schnee.«
Der Preiß fragt: »Tut denn das nicht weh?«

Eine Semmel kennt er nicht,
schiebt sich ein »Brötchen« ins Gesicht.
Knödel, Haxen, Schweinebraten
sind den Bayern wohlgeraten.
Sauerkraut, das nennt er Kohl und findet's auch noch
Klasse –
die Preiß'n san a arme Rasse!

Der Brief
(ein Drama aus dem Alltag)

Seit gut einer Woche schon
überleg ich hin und her:
Was soll ich ihr nur schreiben?
Briefe schreiben ist so schwer!

Ich schreibe dies, ich schreibe das –
ach, und da wär auch noch was …
Ja, und jetzt, da fällt mir ein …
viele Küsse, Grüße, Dein …

So! Vollendet ist mein Werk!
Doch schau ich dumm, als ich da merk:
Ich hab ja gar kein Briefkuvert!
Wo krieg ich dieses jetzt schnell her?

Nun gut, dann warte ich bis morgen,
und werd mir ein Kuvert besorgen.
Am andern Morgen ich dann lief,
kauft eine Hülle für den Brief.

So, ab die Post, es ist soweit,
der Brief ist zum Versand bereit.
Doch irgendwie scheint mir der Brief sehr karge –
Ach ja! Es fehlt des Briefes Marke!

Ich nehm die Marke, will sie kleben,
und mit meiner Spucke Saft,
entfeßle ich die Klebekraft –
doch die Marke will nicht heben!*

Was soll denn das???
Die Faust, die starke,
schlägt mit Wut nun auf die Marke.
Doch die Marke pfeift mir was.

Klebstoff her und angeklebt!
Ich bin voll Zorn, der Körper bebt,
und streiche Klebstoff aufs Kuvert –
so, du Marke, jetzt komm her!

Mit dir wird das Kuvert verziert,
doch – die Finger sind beschmiert …
Der Klebstoff ist an meinen Händen.
Mein Gott, wie soll das Drama enden?

* heben = süddt. für »haften, kleben«

Es klebt die Marke an der Hand,
der Brief klebt an der andern,
das raubt jetzt fast mir den Verstand –
es bringt mich an des Wahnsinns Rand!

So geht es nie – ich geb es auf!
Ich laß es künftig bleiben.
Beides landet nun im Müll –
schreib der doch Briefe, der da will!

Ich laß es wirklich künftig bleiben!
Und außerdem ist es auch so:
Das, was ich da geschrieben hab,
das wollt ich eh nie schreiben …

Der Fön

Mein Fön, du großer,
bärenstarker Luftausstoßer!
Bist ein technisch großes Wunder,
bliesest mir das Haar fast runter.

O mein Fön,
wie bläst du schön!
Du trocknest mir so wunderbar
mein dünnes Scheitelhaar!

Du bläst mal kalt, du bläst mal warm
mir die Glatze, die recht arm
an Haaren ist, die ich einst hatte –
doch spärlich ist sie heut, die Matte.

Früher war'n die Haare dichter,
heute sind sie etwas lichter.
Du hast sie weggeblasen, Fön –
doch bin ich auch mit Glatze schön!

Das Paketklebeband

Mußt früher ein Paket ich packen,
saß mir oft die Angst im Nacken:
Wie kriege ich das Ding bloß zu?
Doch mein braunes Klebeband,
beseitigt das Problem im Nu.

Hab ich ein Paket zu packen,
nehm ich mit der rechten Hand
die Rolle mit dem Klebeband.
Die linke hält, so gut es geht,
das Paket.

Nun kleb ich mit der rechten Hand –
die, die mit dem Klebeband –
und halte mit der linken Hand
das Ende von dem Klebeband,
so gut es eben grade geht,
und kleb das Ende aufs Paket.

So, der Anfang ist gemacht.
Und nun weiter, mit Bedacht:
Es klebt das Ende von dem Band
unter meiner linken Hand.
Die rechte Hand, sie rollt jetzt sacht,
die Rolle ab – gleich ist's vollbracht!

Ich rolle flott, so gut es geht,
zur andern Seite vom Paket.
Und damit ist sofort im Nu
des Paketes Deckel zu.
Und an des Paketes Rand
kommt's Ende hin vom Klebeband.
Mit einer Schere, schnapp!
Schneid ich's Klebeband jetzt ab.

Nun drehe ich – ich bin nicht dumm –
das Paket um neunzig Grad herum.
Dann nehm ich meine rechte Hand –
die, welche hält das Klebeband –
und halte mit der linken Hand
das Ende von dem Klebeband
an den Rand von dem Paket,
so gut es eben geht.

Wieder zieh ich an der Rolle,
an dieser Rolle ist das Tolle,
daß das Band sich jetzt abrollt,
genauso hab ich es gewollt.
So, nun klebt das Band auch quer;
wiederum nehm ich die Scher
und schneide mittels dieser Schere
das Band, das klebt jetzt in der Quere.

Fertig ist es, das Paket –
jetzt ab die Post, sonst wird's zu spät.
So schnell verklebt man ein Paket,
wenn man weiß, wie's damit geht!
Der liebe Gott gab mir Verstand –
und Gott sei Dank das Klebeband!

Eine Lobeshymne auf den Locher

Locher,
du machst noch und nöcher
runde Löcher
in meine Blätter aus Papier.
Ich danke dir dafür.

Wärst du nicht hier,
ich tät mich schwer.
Wo krieg ich sonst die Löcher her –
wer macht sie mir denn ins Papier –
ins Papier mit DIN A4?

Immer stehst du mir bereit,
sorgst für sehr viel Heiterkeit,
denn nebenbei, was auch ganz nett is,
machst für den Fasching du Konfettis!

Das Hühnerauge

Ein Hühnerauge habe ich –
das Hühnerauge tut meist weh.
Das Hühnerauge ärgert mich,
weil ich damit auch gar nichts seh.

Es sitzt am Zeh vom linken Fuß
und macht mir meistens viel Verdruß.
Und manchmal frag ich resigniert,
warum ein Mensch denn überhaupt
ein Hühnerauge haben muß,
obwohl es eigentlich geniert.

Mache ich ein Pflaster drauf,
noch lange hört der Schmerz nicht auf!
Und bade ich das Hühnerauge
in einer warmen, milden Lauge,
so schaut es mich nur höhnisch an,
als wollt es sagen: »Ich bleib dran!«

Heute war ich's endlich leid –
Hühneraug, jetzt ist's soweit!
Endlich hab ich mich getraut:
Der Doktor schnitt mir blitzeschnell,
der Doktor schnitt mit dem Skalpell
das Hühnerauge weg vom Zeh –

Das Hühneraug hat dumm geschaut!

*(Das Hühnerauge ist sehenden Fußes
direkt ins Messer gelaufen…)*

Das Gedicht vom Klammerapparat

Mit meinem Klammerapparat
ich immer gerne klammer –
ich spare mir auf diese Art
den Nagel und den Hammer.

Dank meinem Klammerapparat
alles eine Klammer hat.
Lose Blätter, die verschwunden?
Gibt es nicht. Denn jedes Blatt
ist durch die Klammer fest verbunden.

Fehlt mir mal ein Hosenknopf,
dann wird nicht lang gejammert.
Es wird mittels Apparat
die Hose wieder festgeklammert!

Löst sich die Sohle mir vom Schuh –
das Problem lös ich im Nu
mit meinen Klammerapparat.
Die Sohle ist nun wieder glatt.

Meine Frau, die hatt' am Ohr
einen goldnen Ohrring, den sie fast verlor.
Mit meinem Klammerapparat
hab ich auch das gemeistert.
Meine Frau? Die war begeistert!

Die Rasur
(mit fast tragischem Ausgang)

Ich bin ein Mann,
mir wächst ein Bart,
da haben's Frauen besser –
sie sind meist unbehaart.

Jeden Morgen die Rasur,
mittelalterlich ist die Tortur,
die Rasur bleibt nicht erspart –
der Bart muß weg – weg muß der Bart!

Ich schäum mich ein,
bis unters Kinn –
eingeschäumt kennt mich kein Schwein,
weiß nicht mal selbst, ob ich es bin!

Nun fang ich zu rasieren an, heut geht es scheinbar gut –
doch die Klinge schneidet fein
in die rechte Wange mir eine tiefe Kerbe rein,
der Schaum färbt sich vom Blut.

Ich seh jetzt aus wie Frankenstein,
es schmerzt der Schnitt, doch es muß sein –
der Bart muß weg, so ist's nicht gut,
rasier mich weiter – nur ruhig Blut!

Ich spann der linken Wange Haut
und setz das Messer an,
doch kaum getan, es mir schon graut,
es ist der reine Wahn!

Geschnitten hab ich mich schon wieder,
in Strömen läuft das Blut davon –
es ist wie damals im OP,
bei meiner Blinddarmoperation!

Als ich endlich fertig bin
und setze mich zum Frühstück hin,
fragt meine Frau erstaunt, und wie:
»Sagen Sie, wer sind denn Sie???«

Der Kleiderschrank

Im Schlafzimmer steht mein Kleiderschrank –
Gott sei Dank!
Ohne ihn, da lägen die Klamotten
wild herum – wie bei den Hottentotten.

Und außerdem, man kann's ruhig glauben,
würden sie auch sehr verstauben,
und ganz wahrscheinlich wär auch das:
Sie würden so der Motten Fraß.

Ohne Schrank, da lägen lose
Hemden rum, auch manche Hose.
Und die hübschen, bunten Halskrawatten
fräßen gierig dann die Ratten.

Drum sage ich recht schönen Dank
dem Erbauer von dem Schrank!
Und davon schließ ich auch nicht aus
das Möbelhaus,
das den Schrank hat aufgestellt
für eine ganze Menge Geld…

Das Wetterstationsgedicht

An meinem Barometer
seh ich, wie das Wetter wird –
vorausgesetzt natürlich,
daß es sich nicht irrt.

An meinem Thermometer,
das weiß bestimmt ein jeder,
da les ich ab, wie warm es ist –
vorausgesetzt, daß es auch mißt.

Und mein Hygrometer
sagt mir stets, wie feucht es ist.
Ich schaue drauf, und wie mir deucht,
ist es heute wirklich feucht.

Es regnet nun seit Tagen schon,
und draußen ist es bitterkalt –
das sieht und fühlt ein jeder,
da braucht's kein Thermometer.
So sind sie denn der reinste Hohn,
die Zeiger an der Wettermeßstation.

Das Gedicht vom Radio

In der Frühe bin ich froh,
höre ich mein Radio.
Hätte ich kein Radio,
wäre ich auch nicht so froh.

Schon als kleiner Embryo
hörte ich viel Radio.
Meine Mutter saß davor,
ich lag im Bauch und war ganz Ohr.

Der Schall kam durch die Nabelschnur:
»Beim Gongschlag ist es dreizehn Uhr.«
Und lang bevor man mich gebar,
wußt ich schon, wie spät es war.

Als ich dann schon älter war,
vierzehn, fünfzehn oder so,
da hörte ich, und das war klar,
ja was denn wohl? Na, Radio!

Das Radio hat mich begleitet
ein ganzes Leben lang.
Es hat mich stets erheitert
mit seinem Radioklang.

Und muß ich aus der Welt einst scheiden,
dann ist mein Letzter Wille:
Ich möcht ein Radio in den Sarg,
es soll ins Jenseits mich geleiten.
Den letzten Weg in aller Stille –
dieses wär mir wirklich arg!

Mit dem Handy im Orient

(oder: Die Ballade vom Beduinen)

Per Kamel im Morgenland
ritten wir in heißer Wüste.
Um uns herum nur wüster Sand –
drum heißt sie so, die Wüste.

Kameltreiber war'n auch dabei,
in dem Wüsteneinerlei.
Und die Wüstenreiterei
war eine wüste Reiterei.

Denn hinter einer Düne stand
ein Beduine, das Gewehr zur Hand.
Sprach: »Geld her, Schmuck her und Gewand,
sonst freßt ihr ihn, den Wüstensand!«

Da sag ich zu dem wilden Mann:
»Hau ab und halt die Luft jetzt an,
hau ab und mach die Wüste frei,
sonst rufe ich die Polizei!«

»Du nix rufen Polizei,
du nix machen hier Geschrei!
Die Wüste ist so groß und breit –
es nix nutzen, wenn man schreit!«

»Moment«, sag ich und greife schon,
nach dem mobilen Telefon.
Der Kameltreiber sieht's, fällt in den Staub,
schreit: »Oh, bei Allah, oh, mit Verlaub –
wir sind gerettet, o Efendi –
Allah sei Dank, du hast ein Handy!«

»Na klar«, sag ich, »du Wüstensohn,
denn reit ich in die Wüste schon,
kann so allerhand passieren –
im Notfall muß man telefonieren!«

Der Räuber fällt auch auf die Knie,
daß es gleich staubt, man glaubt nicht wie,
und spricht: »Entschuldige, Efendi,
meine schlechten, äh … Manieren –
laß nach Haus mich telefonieren!«

Ich sag: »Na klar,
das kannst du wohl,
doch ich kriege, bitte sehr,
als Gegenleistung dein Gewehr!«

Er zieht aus seinem Rock hervor,
das gewünschte Pulverrohr.
»Nun gib mir du, Efendi,
das begehrte Handy!«

Ich gebe ihm das Telefon,
und eins, zwei, drei, da spricht er schon.
Er spricht mit Mutter, Vater, Tanten,
mit Onkel, Neffen und Verwandten.

»Mutter, Mutter, ich, dein Sohn,
leb ewig in der Wüste schon!
Ich lebe von der Räuberei,
leb eigentlich nicht schlecht dabei –

nur nach Zuhaus hab ich ein Sehnen!«
Aus seinen Augen kullern Tränen
in den heißen Wüstensand –
der Mann ist außer Rand und Band.

Kaum hat er das Gespräch beendet,
sich schnell zu mir er wendet
und spricht: »Du, mein lieber Efendi,
hast mich mit deinem Handy
auf den rechten Weg gebracht –
hab viel im Leben falsch gemacht!

Die Sache mit der Räuberei
ist ab sofort für mich vorbei.
Ich geh nach Haus zu Frau und Kind –
bring die, die in der Wüste sind,
künftig nicht mehr um!
Allah mit Euch – Salam alaikum!«

Mit einem Handy, das ist wahr,
wird man sogar zum Missionar!

*(Nach dem Telefonat des Beduinen
war der Akku fetzenleer …)*

Die Küchenschabe

In meiner Küche habe
ich eine Küchenschabe.
Meist hat sie sich verkrochen,
doch manchmal half sie mir beim Kochen.

Doch irgendwann, da fiel ihr ein,
sie sei sehr oft zu viel allein.
Sie würd gern 'ne Familie haben –
Frau und Kind und viele Schaben.

Ich dacht nichts Böses mir dabei:
Ist Platz für eine, ist Platz für drei.
Doch schon nach ein paar Wochen
halfen hundert Schaben mir beim Kochen!

Nun hat verändert sich die Lage:
Ich habe eine Schabenplage!
Eines Tages war ich's leid
und hab mich von den Schaben – mit Gewalt befreit.

Nun koch ich einsam, aber wie –
irgendwie vermiß ich sie!

Godzilla

(viehisches Gedicht anläßlich der Bundestagswahl 1998)

Gestern war, nach langer Zeit,
ich wieder mal im Kino.
Da sah ich auf der Leinwand breit
Godzilla, diesen Dino.

Er ist gen New York marschiert,
und riß alles nieder.
Die Menschen waren irgendwie schockiert,
der Schreck fuhr in die Glieder.

Und auf dem Heimweg dacht ich mir:
Was wäre wohl, wenn dieses Tier
nach Bonn marschieren würd?
Letztendlich kam ich zu dem Schluß:
es wäre einerlei –
egal, wohin es trampelt,
es wär in Bonn doch überall
nur eh der gleiche Brei!

Humor

Immer wieder fragt man mich:
»Wo nimmst du den Humor bloß her?«
Und immer wieder sage ich:
»Es ist doch gar nicht schwer.«

Viele Leute fragen mich:
»Wie machst du das denn nur?«
Worauf ich immer sage:
»Das liegt mir tief in der Natur.«

Und weiterhin hab ich gesagt:
»Nun, wenn ihr so direkt mich fragt –
zehn Regeln sind's, und die sind wichtig,
dann läuft es von alleine richtig:

Regel Nummer eins:
Fehlt dir das innere Lächeln,
hast du auch außen keins.

Das Leben ist nicht einerlei,
doch nimm es nicht zu schwer!
Und das ist Regel Nummer zwei.

Such das Glück nie mit Gewalt,
sonst bricht es dir entzwei.
Das ist Regel Nummer drei.

Nimm dich selber nicht zu ernst
in diesem Leben hier.
Das ist Regel Nummer vier.

Sieh auch die kleinen Dinge,
und scheinen sie auch nichtig.
Regel fünf – ist ganz schön wichtig!

Regel sechs, die mir einfällt:
Denk nicht nur an Gut und Geld,
es gibt noch anderes auf der Welt!

Wer über sich noch lachen kann,
der ist jung geblieben.
Das ist Regel Nummer sieben.

Ich kenn wie du das Leid, die Sorgen,
doch immer gibt es einen Morgen,
der die Lösung hat gebracht –
und das ist Regel Nummer acht.

Wer auf nichts verzichten kann,
ist eigentlich ein armer Mann
und wird's vielleicht bereun.
Das ist Regel Nummer neun.

Und selbst, wenn alles ich verlor –
was mir bleibt, ist mein Humor!
Das Leben wird stets weitergehn.
Und das ist Regel Nummer zehn.«

Der Automotor

Viele fahren heute Auto –
gedankenlos, in sich gekehrt.
Kaum einer läßt die Frage zu,
warum das Auto denn nun fährt.

Sitzt man im Auto, ist davor –
ja was denn wohl? Na – der Motor!
Der, voll mit des Benzines Saft,
gibt dem Auto diese Kraft.

Drum merke:
Ist kein Motor im Pkw,
dann bringst du deinen Hintern
viel langsamer von A nach B!

Dies ist der Weisheit letzter Schluß,
und das macht wirklich Sinn.
Ich hab jahrelang gebraucht,
bis ich draufgekommen bin.

Weißwürscht
(extra blödsinnig)

Niemand weiß, würscht du mich wiedersehn,
denn am Morgen muß ich gehn.
Ich weiß, würscht mich vermissen,
doch ich hab keinen Bock, würscht es schon wissen!

Geh doch zu deinem Wiener,
diesem hinterhältigen Schlawiner!
Der wird extra, würscht schon sehn,
mit dir Kalb auch auf ein Schnitzel gehn.

Geh doch zu ihm, du Rind,
Fleisch will er nur sehn, mein Kind!
Du bist für ihn nur dummes Lamm,
braten wird er dich geschwind!

Vor Neid ganz gelb, würscht es schon sehen,
werd ich nicht an dir vorübergehen,
wenn ich dich mit dem Wiener seh,
mit seinem Tellersülzen-Schmäh.

Hat Schaden an Leber, Käs am Fuß,
er schaut wie die Ochsen, Schwanz wird ihm wachsen,
sag ihm von mir 'nen schönen Gruß,
wenn ich ihn seh, das Schwein,
Haxen hau ich ihm rein!

Ich weiß, würschte schon sehen!

(Noch eine Strophe, und mir steigt die Metzgerinnung aufs Dach!)

Oh, Sekundenkleber!

Oh, Sekundenkleber, du mit deiner Kraft!
Alles klebst du mir im Nu,
mit nur einem Tropfen
von deinem Klebesaft!

Letztlich klebt ich ein paar Tassen,
die meine Frau hat fallen lassen.
Oh, du chemisch Phänomen,
oh, wie klebst du schön!

Neulich brach mein Wagenheber,
aber du, Sekundenkleber,
du klebtest mir den Wagenheber,
fast wie geschweißt hast du geklebt,
so daß der olle Wagenheber
jetzt wieder meinen Wagen hebt.

Meine Frau hat viel geredet,
und das tut sie jetzt nicht mehr.
Zwei Tropfen vom Sekundenkleber –
um den Mund gegossen –
haben für immer ihn verschlossen.

Wer schon mal in Italien war,
weiß: dort besteht ja die Gefahr,
daß man ihm das Auto stiehlt.
Doch ich ging logisch vor – gezielt:

Einen Tropfen vom Sekundenkleber
unter jeden Reifen,
kommt der Dieb, will's Auto stehlen,
werd ich ihm was pfeifen!

Früher hatt ich ein Toupet,
da kam ein Windstoß und, o je,
hat es mir vom Haupt gefegt –
das hat mich tagelang bewegt.

Dann bin ich drauf gekommen:
Hätt Sekundenkleber ich genommen,
wäre mir das nicht passiert!
Daraufhin hab ich 's Toupet
mit Sekundenkleber eingeschmiert,
hab's auf die Glatze mir gedrückt –
nun hab ich wieder echtes Haar,
und ich bin entzückt!

Sekundenkleber, Sekundenkleber –
mit deiner Klebekraft Gewalt
gibst du meinem ganzen Leben –
endlich einen Halt!

Ein Frühstücksdrama

In der Früh setz ich mich hin,
denn nach Frühstück steht mein Sinn.
Ich hol mir aus des Kühlschranks Lade,
Butter, Wurst und Marmelade.

Ich will mir nun ein Brötchen streichen,
doch die Butter läßt sich nicht erweichen,
denn sie ist nicht streichweich,
nein – die Butter, sie ist steingleich.

So beende ich das Drama
und streich mir kurz entschlossen
auf mein Brot die Rama!

(Butter ist mir allerdings lieber …)

Das mysteriöse Ende eines Papageis

Meines Nachbarn Papagei
macht stets ein fürchterlich Geschrei.
Schreit er mal nicht im Pavillon,
imitiert er oft das Telefon.

Ich geh ran und melde mich,
der Papagei lacht fürchterlich,
krächzt mit Grabesstimme:
»Reingefallen. Coco ist's, der Schlimme!«

Lieg ich im Garten auf der Liege,
ertönt plötzlich ein Geschrei.
Erschrocken denk ich: »Meine Frau …«,
doch es war der Papagei.

Manchmal konnt auch dies passieren:
Er fängt an zu jubilieren.
Er fühlt sich dann als Opernstar
und singt die höchsten Arien gar.

Doch eines Tages, über Nacht,
hat irgendwas ihn umgebracht.
Verdreht sein Kopf um hundertachtzig Grad,
es war wirklich schad!

Die Kripo hat auch mich vernommen,
doch ich hab gar nichts mitbekommen
von der gemeinen Meuchelei
an des Nachbarn Papagei.

Der Fall blieb ein Mysterium.
Ich weiß von gar nichts, ich bin dumm.
Ich wünsche seiner Seele Frieden –
und die Ruhe, die uns beschieden …

Die Ballade vom Komposthaufen

Im Garten, hinten in der Ecke
steht der Haufen aus Kompost.
Er steht hinten an der Hecke,
südlich – eigentlich Süd-Ost.

Man könnte nun an diesem Haufen,
gedankenlos vorüberlaufen.
Doch in dem Haufen, der recht groß,
da ist echt die Hölle los!

Milben krabbeln kreuz und quer,
Tausendfüßler hin und her,
Schnecken fressen Essensreste,
zerkleinert werden dünne Äste.
Regenwürmer graben,
Asseln schaben,
Ohrwürmer beißen,
Speckkäfer reißen,
Spinnen schlingen,
Fliegenmaden ringen,
Spulwürmer verschlingen,
Bakterien zersetzen,

Springschwänze zerfetzen,
Pilze saugen,
Gehäuseschnecken mit dunklen Augen
glotzen umher –
gierig, und suchen ständig nach mehr.
Streptokokken, die kleinen, netten,
zersetzen und schlagen alles in Ketten.

Es ist grauenhaft, fast wie im Wahn,
beinahe wie in der Geisterbahn!

Aus faulender Wurst schießt der Schimmelpilz,
und dort: Unter einem Haaresfilz
fressen, zerreißen, verschlingen und beißen
einen toten Regenwurm – die Ameisen.

Und da: Ein toter Schmetterling
liegt da mit hängendem Rüssel –
fast wie eine Romanfigur
aus einem Buch von Stephen King.

Auf dem Schmetterling sitzt eine Fliege,
sie saugt ihm aus das kalte Blut,
auf daß auch sie davon was kriege.
Nicht fern lauert schon der Spinne Brut.

Das alte Brot – man hört es knirschen, ächzen,
weil schon die Milben danach lechzen.
Der Joghurt war einst weiß und frisch –
jetzt labt sich dran ein Silberfisch.

Ein Ohrwurm mit beißenden Zangen –
hängt an der Gurke voll Verlangen.
Ihr andres Ende, ei der Daus,
saugt gierig eine Blattlaus aus!

Eierschalen
werden zermahlen
von Zähnen und Gekrall,
der Horror lauert überall –
selbst in Orangenschalen!

Ganz oben auf dem Haufen
kriechen Schnecken –
und die raufen,
woll'n alle am Salatblatt lecken.

Es fault und gärt
und stinkt und schwärt,
es modert und mieft,
es verwest, und es trieft.

Hier beißen sich die Maden
durch ein paar alte Rindsrouladen.
Sie können nicht genug von kriegen –
draus werden eines Tages wunderschöne Fliegen.

Das alles geht mir an die Nieren –
drum laß *ich* mich *niemals* kompostieren.

Die Ballade von der undichten Steckdose

Die alte Steckdos tat's nicht mehr,
drum mußte eine neue her.

Flugs war die neue eingebaut,
gar schön hat sie gleich ausgeschaut.

Eine Lampe steckt man ein,
und sie erstrahlt in hellem Schein!

Des Nachts zu Bette wollt man gehen
und sah die helle Lampe stehen.

Man steckt sie aus, man braucht das Licht,
weil man schläft des Nachts, ja nicht.

Doch kaum steckt man die Lampe aus, geht das Grauen los:
Die neue Steckdos ist nicht dicht, der Strom fließt weiter aus der Dos!

Der Strom, in Strömen er hier fließe,
und auf den Boden sich ergieße.

Er wird, man merkt's mit Schrecken,
den Boden bald bedecken!

Die Not ist groß, was macht man nur
mit der Gewalt aus der Natur?

Eimer her und Kübel! Alles auf die Schnelle
stellt man an des Stromes Quelle.

Doch voll sind beide schon nach kurzer Zeit,
zur Aufnahme des Stromes nicht mehr bereit.

Der Stromfluß höret nimmer auf –
jetzt nimmt das Drama seinen Lauf!

Alles funkt und blitzt,
alles sich erhitzt,
und der Strom, er flitzt,
und in jeder Ritze
macht er blaue Blitze!

Alles rennet, rettet, flüchtet,
alles wird vom Strom vernichtet!

Kein Mensch kennt sich hier noch aus –
erleuchtet ist das ganze Haus.

Den Opa, der nicht gehen mag,
ihn trifft bald darauf der Schlag!
Oma sitzt auf einem Stuhl, ist hektisch,
der Stuhl, der ist schon längst elektrisch!

Die Eltern waten bis zum Knie
im Strom, und der erfaßt auch sie!
Zitternd stehen sie im Zimmer –
des Stromes Fluß, er endet nimmer!

Und zwischen den Eltern, im Krampfe gebogen,
entfaltet sich ein Lichterbogen.
Schlägt dem Vater ins Hirn – und wie!
Der wird dadurch zum Genie.
Zwar tut das alles furchtbar weh,
doch plötzlich hat er die Idee!

Röchelnd spricht er: »Mutter!
Steck die Lampe wieder ein,
dann wird der Spuk zu Ende sein –
und alles ist in Butter!«

Die Mutter spürt des Stromes Schmerz –
und trotzdem faßt sie sich ein Herz!

Sie steckt die Lampe wieder ein!
Doch der Strom will fließen – sie jault auf.
Dann ganz plötzlich hört der Stromfluß auf,
und die Lampe strahlt in vollem Schein.

Am anderen Tag kommt der Elektriker,
der heißt Schmidt und ist ein Hektiker,
und er kehrt mit seinem Besen
den Strom hinaus – als wär er niemals dagewesen.

Nur ums Haus, fast überall –
liegt nun der Spannungsabfall!

Der Hund und der Rabe

Winter war's und bitterkalt,
als ich einst mit meinem Hund
spazieren ging in Richtung Wald.
Da sah mein Hund den Raben liegen,
und der Rabe konnt nicht fliegen.

Der linke Flügel, der war lahm.
Ich nahm den Raben mit nach Haus,
der Tierarzt kuriert den Flügel aus,
und der Rabe wurd schnell zahm.

Der Rabe wurde schnell gesund,
doch wollt er nicht mehr gehn.
Angeblich liebt er meinen Hund,
na ja – ich kann's verstehn …

Schwarz ist der Rabe,
schwarz ist auch der Hund –
und vielleicht ist Schwarz der Grund,
daß sie sich lieben, aber wie!

Tja, mein Hund ist halt ein Rabenvieh.

(Der Rabe hat uns aber doch wieder verlassen,
denn mein Hund konnte keine Eier legen…)

Sauerbraten!

Sauerbraten,
bist gar gut geraten.
Betrachtet man's genauer,
dann bist du richtig sauer.

Sauerbraten,
wie bist du durchgebraten!
Wir wären wirklich nicht gescheit,
wenn wir dich nicht äßen allezeit.

Essen wir vom Braten, dem sauern,
werden wir ob seiner Säure sanft erschauern.
Doch morgen, da soll es so sauer nicht sein,
morgen, da essen Braten wir vom Schwein!

Die Ballade vom Leberkäs

Hinter des Metzgers blitzendem Tres
lauert still der Leberkäs.
Er sticht mir in das Auge, schaut
und starrt mich an mit brauner Haut.

Heut will ich keinen Leberkäs –
nicht schon wieder dies Gefräß!
Weil ich doch nicht jeden Tag
Leberkäse mag.

Nicht Leberkäs, bin doch nicht damisch,
heute esse ich salamisch!
Und du, mein lieber Leberkäs,
du bist heut nicht wunschgemäß.

Der Leberkäs starrt mir ins Geäuge,
auf daß er meinen Willen beuge,
der Metzger fragt: »Was darf es sein?«
Ich sag: »Leber … äh, Salami fein!«

Der Metzger fragt: »Was ist denn das?
Heute keinen Leberkas?«
»Nein«, sag ich, »Sie haben heut kein Glück!
Ich möcht Salami fein am Stück!«

Er sagt: »Der Leberkäs ist aber frisch,
kam heute erst auf meinen Tisch!«
Er zeigt auf den Leberkäs,
daß ich schier erschrecke.
Und ein Gefühl sagt mir:
der Kerl steckt mit dem Leberkäs
unter einer Decke!

Ich werd nervös, fang an zu zittern,
beginne, den Verrat zu wittern,
und schrei dem Metzger ins Gesicht:
»Ich will Salami! Und den Leberkäse nicht!«

»Nun regen Sie sich doch nicht auf«,
entgegnet da der Metzgermeister,
und nimmt sein großes Messer –
da nimmt das Schicksal seinen Lauf.

Ich raufe mir die Haare, muß an den Kopf mir fassen:
Sollt ich dem Metzger wohl ins Messer laufen?
Dabei wollt ich doch nur Salami kaufen –
jetzt muß ich wegen Leberkäs vielleicht das Leben
lassen!

Mein junges Leben hauch ich aus,
und bin bald tot wie eine Maus,
nur weil ich bilde mir heut ein
statt Leberkäs Salami fein?

Ich stehe da, fast wie betäubt
und innerlich sich alles sträubt –
mit blassen Lippen sag ich das:
»Geben Sie mir Leberkas!«

Beim Metzger ist es besser,
man streitet nicht. Er hat ein Messer!

Das Drama mit den Essiggurken

Manchmal kann es ja passieren:
'ne Essiggurke möchte man probieren.
Essiggurken sind pikant,
drum nehme ich das Glas zur Hand.

Ich nehm das Glas und öffne's jetzt,
doch dummerweise haben vor den Lohn
die Götter uns den Schweiß gesetzt.
Das Glas bleibt zu und grinst voll Hohn.

Das Gurkenglas, es geht nicht auf.
Was soll ich denn nur tun?
Hau ich mit dem Hammer drauf
oder tret ich's mit den Schuhn?

Ich schlag das Glas kurz auf den Boden,
doch all dies sind Gewaltmethoden.
Vielleicht wär es viel besser,
nähme ich ein Messer.

Ich halt das Glas mit linker Hand
und bohre mit der Messerspitze
unter seines Deckels Rand –
wobei ich mir den Daumen ritze.

Nun ist das Glas auch noch voll Blut!
Blut am Glas, das ist nicht gut,
doch des Messers Schärfe
macht aus dem Glas Gurken – eine Blutkonserve!

Ich habe sehr viel Blut vergossen,
doch das Glas, es bleibt geschlossen.
Ich überleg es mir genauer:
Pfeif doch auf die Gurken – sie sind viel zu sauer!

Gedanken einer Wäscheklammer

Ich bin eine Wäscheklammer
und hänge in der Wäschekammer,
wo ich dort die Wäsche klammer
an die Leine in der Wäschekammer.

Ich klammer an die Leine,
jedem fein das Seine.
Damenstrümpfe, Unterhosen,
auch Büstenhalter, diese losen,
Hemden von diversen Herrn,
von wem genau, das wüßt ich gern,
denn manches Hemd ist unbekannt –
und ab und zu kommt 'ne Krawatte,
die ich auch noch niemals hatte.

Meistens tu ich meine Pflicht,
doch so manches mag ich nicht:
Zum Beispiel dicke, wollne Socken
sind recht schwer und nicht schnell trocken.

Doch ich will durchaus nicht jammern –
Hauptsach, ich hab was zu klammern!

Am Tag meiner Geburt von mir

Am Tag meiner Geburt von mir wir tranken
den sauren Wein der Franken
und aßen Rouladen vom Rind
gefüllt mit dem Speck des Schweins –
   wie Rouladen so sind.

Am Nach des Mittags gab es Kaffee
mit Milch aus der Dose und Zucker und Tee,
dazu einen Zopf der Nuß
überzogen mit des Zuckers Guß.

Darauf dann schluckten wir
vom Bock das Bier,
nun wurde es noch viel nasser:
wir tranken von der Zwetschge das Wasser!

Gefüllt war'n die Gläser voll des Randes
mit dem edlen, süffigen Wein des Brandes.
Bald fielen wir betrunken vom Stengel
und hörten im Rausch das Singen der Engel.

Und dann war der Tag der Geburt von mir aus
und alle schwankten besoffen nach Haus.
Also, das eine sag ich dir:
Das war ein tolles Fest des Tages
meiner Geburt von mir!

(Ich gebe zu: Es ist etwas umständlich ausgedrückt.)

Ich war allezeit bereit …

(Jahr 1999)

Frühling, du!
Jetzt bist du da – nach der langen Winterszeit!
Ich hab auf dich gewartet – und war allezeit bereit.

Sommer, du!
Jetzt bist du da – nach der langen Frühlingszeit!
Ich hab auf dich gewartet – und war allezeit bereit.

Herbst, du!
Jetzt bist du da – nach der langen Sommerzeit!
Ich hab auf dich gewartet – und war allezeit bereit.

Winter, du!
Jetzt bist du da – nach der langen Herbsteszeit!
Ich hab auf dich gewartet – und war allezeit bereit.

(Jahr 2000)

Frühling, du!
Jetzt bist du da – nach der langen Winterszeit!
Ich hab auf dich gewartet – und war allezeit bereit.

Sommer, du!
Jetzt bist du da – nach der langen Frühlingszeit!
Ich hab auf dich gewartet – und war allezeit bereit.

Herbst, du!
Jetzt bist du da – nach der langen Sommerzeit!
Ich hab auf dich gewartet – und war allezeit bereit.

Winter, du!
Jetzt bist du da – nach der langen Herbsteszeit!
Ich hab auf dich gewartet – und war allezeit bereit.

(Jahr 2001)

Frühling, du!
Jetzt bist du da – nach der langen Winterszeit!
Ich hab auf dich gewartet – und war allezeit …

(Wozu war ich eigentlich allezeit bereit?
Ich weiß es beim besten Willen nicht mehr …
Wahrscheinlich war's aber gar nicht so wichtig.)

Aspirin, o Aspirin!

Aspirin, o Aspirin,
ohne dich wär ich schon hin!

Du senkst das Fieber,
nimmst mir Schmerzen –
meist im Kopf, manchmal am Herzen.

Dein wunderbarer Wirkstoff
heißt Acetylsalicyl
und macht mein heißes Hirn ganz kühl.

Oft könnte ich vor Schmerzen rasen,
dann nehm ich dich, und ab sofort
sind alle Schmerzen weggeblasen.

O Aspirin, du hilfst sogar –
bei Liebeskummer, das ist wahr.

Hat die Geliebte mich verlassen –
zuvor war's eine Qual.
Schnell ein Aspirin geschluckt – schon ist mir das egal!

(Ich denke, es ist wohlbekannt:
Schluckt einer Aspirin, dann ist's ein Aspirant!)

Oh, du göttlich Strahlende

Oh, du göttlich strahlende Quelle –
Du! Ja du, o Mikrowelle!
Du wärmst den Tee, du wärmst das Essen –
kein anderes Gerät kann sich
mit deinen Strahlen messen!

Mit deiner Strahlen Energie
erhitzt du alles, aber wie!
Alles machst du heiß für mich:
Suppen, Fleisch und Knödel auch –
und ab und zu den blauen Sittich.

Eier kochst du mit Bravour –
das Problem ist dabei nur,
daß niemals eines fertig wird,
weil's meist zuvor doch explodiert –
doch ich mag Eier gern püriert.

Wunderbare Mikrowelle,
alles wärmst du auf die Schnelle!
Selbst der Hamster, mit Haut und Haar –
in zwei Minuten ist er gar.
Ich weiß, im Backherd ging das nie,
der hat zu wenig Energie.

Mikrowelle, Mikrowelle –
meine strahlende Freudenquelle!

(Zwischenzeitlich sind mir bereits 1456 Wellensittiche und 4823 Hamster in dieser Mikrowelle verunglückt … Leider.)

Das Loch im Auspuff

Bei meinem Auto mich was stört:
Das Auto räuspert sich und röhrt.
Ab und zu es richtig knallt,
was dann durch die Gegend schallt.

Der Auspuff hat, ich dacht es doch,
der Auspuff hat ein großes Loch.
Das Loch ist groß, doch bitte sehr,
wo kommt dies große Loch bloß her?

Rekonstruieren fällt mir schwer,
wo kommt denn dieses Loch nur her?
Vielleicht lag's auf der breiten Straße,
über die ich manchmal rase?

Mein Auspuff ist normal ganz dicht –
mit diesem Loch ist er es nicht.
Er pufft dann aus an falscher Stelle,
und das ist keine Bagatelle.

Er pufft anstatt durchs Auspuffrohr
durch das Loch, welches zuvor
gar nicht an diesem Auspuff war.
Das Loch ist schuld, das ist ganz klar!

Ein Loch im Auspuff ist nicht schön,
weil dann die Gase dort rausgehn,
anstatt wie sonst durchs Auspuffrohr,
wie es üblich war zuvor.

Hat der Auspuff jetzt ein Loch,
dann fragt sich, wozu braucht er noch
einen Auspuffstutzen?
Den kann er ja dann leider
gar nicht mehr benutzen.
Denn alle Gase entweichen doch
nur durch dieses eine Loch!
Und dieses lange Auspuffrohr
kommt mir so überflüssig vor!

(Kurz darauf wurde an dem Auto eine Auspuff-Transplantation vorgenommen. Das Transplantat hat 350,- Mark gekostet, der Eingriff 128,- Mark. Wurde nicht von der Krankenkasse bezahlt!)

Leise weint der Abendwind …

Leise weint der Abendwind,
weil wir zwei so traurig sind.
Abermals das Glück zerronnen –
im Lotto wieder nichts gewonnen!

Sechs Zahlen haben wir getippt,
und wären beinah ausgeflippt,
denn wir waren uns ganz klar,
daß dieser Tip der richtige war.

Doch diese böse Lottofee
sagt die falschen Zahlen an!
Unsere Hoffnung schmolz uns dann
wie im Frühlingswind der Schnee.

Wir haben uns ein Haus gekauft,
und das Auto ist auch neu,
wir haben es mit Sekt getauft,
wir wußten: Geld gibt's nun wie Heu.

Nun, jetzt sind wir ruiniert –
das Glück, es ist vorbeimarschiert.
Das Leben ist nun doppelt schwer:
Nur noch Schulden – wir sind nicht Millionär!

Und leise weint der Abendwind,
weil wir nur Verlierer sind …

Tragödie in der Besteckschublade
(frei nach Heinrich Heine)

Die Mitternacht zog näher schon;
in stummer Ruh lag der Balkon.

Nur unten in der Küche Lade,
da hört man eine Schimpftirade.

Die Messer dort in schimmernder Reih,
stritten sich, wer wohl am schärfsten sei.

Des Brotmessers Klinge blitzt vor Wut,
aus seiner Größe erwuchs ihm kecker Mut.

Und blindlings reißt der Mut es fort;
es lästert die Messer mit sündigem Wort.

Es brüstet sich frech und lästert wild;
die Gabelschar ihm Beifall brüllt.

»Gib nicht so an!« schreit das Tomatenmesser,
»ich bin schärfer und schneid besser!«

»Ich schneid das Brot in feinste Scheiben!
Du schaffst das nie, drum laß es bleiben!«

»Schneid du doch erst mal 'ne Tomate –
   damit du weißt,
was echtes Schneiden wirklich heißt!«

Doch kaum das grause Wort verklang,
da wurd es beiden Messern bang.

Denn sieh! Denn sieh! Es erhob sich sich schnell
aus der Ecke das Skalpell!

Die Messerschar lag kalt durchgraut,
und lag gar still, gab keinen Laut.

Das Skalpell aber in selbiger Nacht
ward vom Tomatenmesser umgebracht.

(So ein Quatsch –
sprechende Messer gibt es doch gar nicht!)

Das Tee-Ei
(frei nach Friedrich von Schiller)

»Wer wagt es, Bernhard oder Gunther,
zu tauchen in diesen Schlund?
Ein gülden Tee-Ei werf ich hinunter,
schon verschlungen hat's der schwarze Mund.
Wer mir das Tee-Ei kann wieder zeigen,
der darf es behalten, es ist sein eigen.«

Der König spricht dies und wirft von der Höh
das Tee-Ei in die unendliche See.
»Wer ist so beherzt und bricht nicht nieder,
und bringt mir dieses Tee-Ei wieder?«

Bernhard und Gunther, die um ihn stehn,
vernehmen es und schweigen still.
Sie würden viel lieber nach Hause gehn,
weil eigentlich keiner ein Tee-Ei will.

»O König, Edler, bis ins Mark durchlaucht –
warum nur ein Tee-Ei, das eh keiner braucht?
Wirf einen Barren Gold hinein,
dann wird der Anreiz größer sein!«

So spricht der Bernhard zum König,
doch den König juckt das wenig.
Und so der König zum drittenmal fragt:
»Wo ist der Trottel, der sich hinunter wagt?«

Da kommt auf einem Pferde schwer,
plötzlich ein schöner Jüngling daher.
Er spricht zum König: »Grüß Gott, Herr König!
Ich bin noch jung und hab sehr wenig –
ich hab zwar etwas Tee dabei,
doch dazu fehlt mir noch das Ei!«

»Dann tauche doch einfach in den Schlund,
da liegt ein gülden Tee-Ei drunt.
Bring das Tee-Ei her zu mir,
zeig es mir und es sei dein –
wirst nie mehr ohne Tee-Ei sein!«
So spricht der königliche Mund.

Des Jünglings Gesicht wird streng und schärfer –
und seiner dunklen Augen Blitze
durchbohren den königlichen Tee-Ei-Werfer.
Er spricht zum König: »Ihr macht Witze!
Wie kommt ein Tee-Ei denn ins Meer?
Erklärt mir das doch, bitte sehr!«

Der König spricht: »Ich warf's hinab,
hinein in das dunkle Meer!
Tee-Eier zur Genüge ich hab,
denn ich bin König, bitte sehr!
Ich bin der König –
ein Tee-Ei bedeutet mir wenig!«

Der Jüngling schüttelt betrübt den Kopf:
»König, Ihr seid ein seltener Tropf!
Viele Menschen hab ich gekannt –
und viele waren hirnverbrannt.
Durch viele Lande bin ich gezogen,
traf Menschen, die haben's Besteck verbogen,
doch einen wie Euch, ich hab die Ehr,
einen solchen findet man nur schwer,
der sein Tee-Ei wirft ins Meer.
Nun gut, ich tauche halt mal ab,
tauche in den Schlund hinab –
und ich hole Euch das Ei,
denn schließlich ist ja nichts dabei!«

Und wie er tritt an des Felsens Hang,
und blickt in den Schlund hinunter,
wo es wallet und siedet und brauset und zischt,
da fällt ihm die Kinnlade runter
und seine Gefühle sind äußerst gemischt.

»In diesen Strudel soll ich jetzt springen?
Dem dämlichen König das Tee-Ei bringen?
Ja, bin ich denn blöde, mir tut doch nichts weh!
Tee-Ei sei Tee-Ei, ich pfeif auf den Tee!«
Er springt aufs Roß und reitet von dannen,
denn plötzlich fällt ihm ein:
Den Kaffee gibt es ja in Kannen –
und Tee muß es wirklich nicht sein!

Im Kino

Ich sitz im Kino.
Um mich rum
sitzen viele Leute –
stumm.

Alle starren wie gebannt
auf die große, weiße Wand.
Denn nun ist er da!
Wer? Der Dracula!

Leise schleicht er sich heran,
an die Jungfrau, welche dann
schnell von ihm gebissen wird.
Die Jungfrau scheint mir irritiert.

Dracula saugt jetzt das Blut,
und scheinbar schmeckt es ihm sehr gut. –
Die Jungfrau stöhnt, und sie vergißt,
daß sie am Ende blutarm ist.

Da! Ganz plötzlich! Ein Geräusch!
Kommt von hinten, wenn ich nicht täusch;
es kommt von einer Popcorn-Tüte.
Jetzt ausgerechnet! Meine Güte!

Alle Leute drehn sich um.
Auf der Leinwand fällt derweil
die ausgesaugte Jungfrau um.
Dracula sucht in der Flucht sein Heil.

Und weil sich alle umgedreht,
sieht keiner, was hier vor sich geht:
Dracula ist zurückgekommen
und hat die Jungfrau mitgenommen!

Und keiner hat's gesehn.
Ach, du meine Güte,
man kann es kaum verstehn:
Bloß wegen einer Popcorn-Tüte!

Der Abfalleimer

Ich steh in der Küche, bin ziemlich rund,
fresse jeden Dreck,
und ich hab für alles
einen offenen Schlund.

Egal, was kommt, das nehme ich:
faules Obst und Bienenstich,
Joghurtbecher und Spinat,
Essensreste und Salat.

Alles ziehe ich mir rein,
meine Auswahl ist nie fein.
Und öfters kommen – wetten?
auch Kippen von den Zigaretten.

Ich bin zwar da für einen jeden –
doch muß man mich dafür noch treten?!

Das Problem mit dem Darm

Eigentlich bin ich gesund –
nur ab und zu
rebelliert mein Darm, der Hund!

Es schmerzt der Bauch,
drückt auf die Blase,
der Darm tut weh, ist voller Gase.

Die Verdauung stimmt nicht mehr,
mein Darm, er rebelliert gar sehr.
Er bockt und ist zudem ganz schwer.

Ich schwör dir, Darm, bist du nicht stille,
geb ich dir nichts mehr zu verdauen!
Ernähr mich per Ernährungspille –
dann wirst du recht dumm schauen!

(In letzter Zeit arbeitet er meist einwandfrei. Drohen hilft!)

Der Klodeckel

Klodeckel, du!
Deckst das Klo mir zu.
Du verdeckst mit deinem Rund
der Kloschüssel gar tiefen Grund.

Oh, du Deckel von dem Klo!
Ich habe dich und freu mich so,
denn du deckst das Klo mir ab.
Deshalb fall ich nicht hinab.

Eine Schüssel, unverdeckt,
hätt Schwindel längst erweckt,
denn gar tief ist's Klo –
und ich fürcht mich so!

Der Vorteil ist ja auch davon:
nichts kann heraus. Das freut mich schon!

Der Wasserhahn

Man sieht es ihm kaum an,
dem Wasserhahn:
Ragt still zwar aus der Wand,
doch immer unter Druck – allerhand!

Mich würd nur interessieren:
Wie lange geht das wohl noch gut,
wie lange er das wohl noch tut,
denn soviel Druck, den – oh, du Graus –
hält so lang doch gar keiner aus!

Gewalt in der Küche

Seh ich in der Küche zu,
mein Gott! Es ist ein Jammer!
Da geht es wohl bisweilen zu
wie in der Folterkammer!

Da hängt Messer, Gabel – dergestalt,
alles dient nur der Gewalt!
Da wird geschnitten, geschält, gespießt,
und das Blut in Strömen fließt.

Geschnitten wird das Rindsfilet –
und keiner denkt sich was dabei.
Doch schneidet man das Fleisch entzwei,
tut ihm das vielleicht ziemlich weh.

Hier zieht man von der Wurst die Haut –
die Wurst ist, ehe man da schaut,
nackt den Blicken preisgegeben –
und nimmt der Wurst, ist's denn zu fassen,
rücksichtslos ihr bißchen Leben!
Muß das denn sein, kann man's nicht lassen?
Die Wurst, egal, ob warm, ob kühl,
hat sicherlich ein Schamgefühl!

Die Köchin reißt den Kopf entzwei
mit Gewalt und sehr brutal.
Tut der Salatkopf einen Schrei?
Ist's für ihn nicht eine Qual?

In Scheiben geschnitten die Karotte,
sie fühlt sich wie auf dem Schafotte.
Und die Kartoffel, die schöne Knolle –
zu Brei gequetscht. Spielt keine Rolle!

Die Äpfel werden auch gequält:
sie werden hemmungslos geschält.
Geviertteilt werden sie vom Spalter –
Methoden wie im Mittelalter!
Und, ich kann es kaum ertragen,
selbst die Sahne wird geschlagen!

Das Schnitzel kommt ins Fett im Nu,
und dieses Fett ist, wie man weiß,
so gut wie immer siedend heiß.
Temperaturen wie im Hades
fügen dann dem Schnitzel zu
Verbrennungen des dritten Grades!

Und hier den Braten von dem Schwein
schiebt man ins heiße Bratrohr rein.
Erhitzt auf hundertachtzig Grad –
eine wahrlich rohe Tat!
Geht es in dieser Hölle Glut
dem Schweinebraten wirklich gut?

Die Eier werden roh gekocht –
doch vorher werden sie gelocht.
Danach nimmt man die Schale fort –
dieses war ein Eiermord!

Auch die Zwiebel hat gelitten,
sie wurde eben durchgeschnitten.
Nicht zu fassen, doch es scheint,
daß selbst die Köchin davon weint!
Doch nicht aus Mitleid, wie man meint –
die Zwiebel konnt's nur nicht ertragen
und hat erbost zurückgeschlagen!

Einen Suppenwürfel, einsam und allein,
wirft man ins heiße Wasser rein.
Da hilft kein Bitten, da hilft kein Flehen,
der Suppenwürfel, er muß vergehen,
er löst sich auf, war nimmermehr gesehen!

Dieses Foltern, dieses Morden
kann ich nicht mehr sehen.
Beschreiben kann man's nicht mit Worten
und mag's auch nicht verstehen.
Ich bin auf dieses Morden keinesfalls versessen,
doch Schluß damit – jetzt wird gegessen!

Melancholisches Gedicht über die letzte Semmel

Da liegst du, letzte Semmel, stumm –
traurig, aber wahr –
auf meinem Küchentisch herum –
gestern wart ihr noch ein paar.

Ich sitz auf meinem Schemel
und seh die letzte Semmel –
Melancholie und Schmerz
macht sich breit in meinem Herz.

Ich fühl mit dir die Einsamkeit
und die Leere macht sich breit.
Doch, liebe Semmel, tröste dich –
du hast ja mich!

Ich weiß, wie dir zumute ist,
weil du die letzte Semmel bist.
Und so einsam, so allein
kann nur die letzte Semmel sein.

Die letzte Semmel hat es schwer,
denn sonst gibt's keine Semmeln mehr.
Zudem hat das Leben sacht
die letzte Semmel hart gemacht.

Komm! Wir machen schnell ein Ende!
Rasch, wir gehen hin zum Bach!
Ich verfüttre dich behende
an die allernächste Ente!

Dies war die letzte Semmel, ach!

Der heißgeliebte Badeschwamm

Ich sitze in der Badewanne
und ich spanne,
das Wasser wird minütlich kälter,
die Finger werden falt und fälter.
Bereits seit Stunden tauche ich
nach meinem Badeschwamm.

Vorhin war er doch noch da!
Und ich ganz genau es sah,
wie der olle Badeschwamm
fröhlich in dem Bade schwamm.

Doof sitz ich in der Badewann,
weil ich ohne Badeschwamm
mich niemals richtig waschen kann.
Und ohne meinen Badeschwamm
bleibt aller Dreck fest an mir dran.

Nun gut, es ist genug gebadet,
und zuviel Wasser mir nur schadet –
verärgert entsteige ich der Wanne.

Da! Plötzlich sehe ich den Schwamm!
Da liegt er doch, der Hund!
Die ganze Zeit lag er verschmitzt
vollgesogen auf dem Grund.

Und da kommt er mir, der Geistesblitz:
Ich kann den Badeschwamm nicht finden,
wenn ich mit meinem blöden Hintern –
die ganze Zeit nur auf ihm sitz!

Der Gartenschlauch

Ich hab einen Gartenschlauch,
lang und grün wie Gras.
Dreht man vorn die Düse auf,
dann spritzt er was.

In der trocknen Jahreszeit
ist mein grüner Gartenschlauch
allezeit bereit.
Und ich nutz ihn auch.

Wir spritzen jede Ecke,
das Beet und auch die Hecke,
Wir spritzen unter jeden Strauch,
und Tulpen, Nelken, Veilchen auch.

Auch der Baum wird abgespritzt,
denn er hat sich sehr erhitzt
in der Sonne Glut.
Und etwas Wasser tut ihm gut.

Doch letztens ist es nun passiert:
Mein Gartenschlauch, er ist krepiert.
Er ist durchs viele Sprengen
in der Mitte explodiert.

Es war auf seiner Längen
zu eng im Bauch
vom grünen Schlauch.

Das Rollo

Wird es dunkel, bin ich froh,
denn schließlich hab ich ein Rollo.
Laß ich's runter, ist es dicht,
so sieht mich der Nachbar nicht.

Doch gestern nacht gab's einen Krach –
mit einem Schlage war ich wach,
ich war ziemlich elektrisiert,
denn irgendwas war da passiert.

Der Krach hat so geklungen,
als wäre das Rollo
einfach nachts heraufgesprungen.

So war es auch.
Hab mit Bedacht
das Rollo wieder zugemacht,
weil ich das Rollo einfach brauch.

Kaum eine Stunde war vergangen,
da hat es noch mal angefangen:
Schon wieder hat es so geklungen,
als wär das Rollo aufgesprungen.

Noch mal hab ich's zugemacht,
denn schließlich war's ja dunkle Nacht.
Doch dauert es nur kurze Zeit,
da war es wieder mal soweit.
Nun endlich war ich's wirklich leid:
Bleib doch offen, du Rollo,
dummes Ding, du nervst mich so!

(Ich hab's dann andertags repariert,
denn man will ja nicht im Schaufenster leben …)

Die verlegte Brille

Scheinbar war es Gottes Wille:
von Kindheit an trag ich 'ne Brille.
Ohne Brill seh ich nicht gut,
was rundherum sich alles tut.

Ohne Brille bin ich nun
so blind, als wäre ich ein Huhn.
Ich wäre froh, wenn ich bloß wüßt,
wo meine Brille jetzt wohl ist.

Ich suche sie und find sie nicht,
brillenlos ist mein Gesicht.
»Wo bist du nur, du Brille!«
So brüll ich in die Stille.

Gott sei Dank kommt meine Frau.
Meist weiß meine Frau genau,
wo meine Brille sich versteckt,
denn meine Frau ist aufgeweckt.

»Du hast sie auf dem Kopfe oben –
aus Versehen hochgeschoben!«
Ich pflück die Brille aus dem Haar –
und wunderbar!
Ich sehe alles wieder klar.

(Seitdem suche ich immer zuerst bei mir selbst.)

Kettenreaktion

Ein Regenwurm bei Nachbars Teich,
gräbt sich durch das Erdenreich.
So kam er an des Teiches Rand,
wo er ein jähes Ende fand.

Der Goldfisch in des Nachbars Teich
zog im Wasser seine Kreise.
Der Regenwurm war gut und weich
und diente ihm als Speise.

Die Katze saß an Nachbars Teich
und angelte nach diesem Fisch.
Der Goldfisch legt noch schnell den Laich –
und dient der Katz als Mittagstisch.

Der Hund, er döst an Nachbars Teich,
er sah die Katze fischen.
Die Mahlzeit schien ihm fett und reich –
die Katz konnt nicht entwischen.

Auch der Nachbar saß am Teich
und sah den Hund die Katze jagen.
Da nahm er einen Stock sogleich,
hat damit seinen Hund erschlagen.

Die Ehefrau saß auch am Teich
und konnt das Drama nicht vermeiden.
Im Grunde war ihr Herz sehr weich –
der Ehemann mußt nicht lang leiden …

Oft wird aus einem Wind ein Sturm –
hier war der Anlaß bloß ein Wurm!

Ballade vom verlorenen Kaugummi

Man sah ihn selten, ja fast nie
ohne seinen Kaugummi.
Er kaute fast den ganzen Tag
weil er gerne kauen mag.

Sogar des Nachts, man glaubt es kaum,
da kaut er weiter noch im Traum.
Doch eines Tages, unbedacht,
hat er den Mund weit aufgemacht.

Und aus Versehen spie
er seinen feinen Kaugummi
irgendwo in die Prärie –
wohin genau, das weiß man nie.

Ihm war es gar nicht gleich bewußt,
doch plötzlich merkt er den Verlust.
Er wird sofort cholerisch,
schreit laut und ist hysterisch:

»Wo ist er nur, der Kaugummi?
Ohne ihn kann ich nicht leben.
Muß mir selbst die Kugel geben,
zu hart und zäh ist's ohne Kaugummi!«

Und es ist nicht zu fassen:
Er rennt durch alle Gassen,
sucht seinen Kaugummi.
Er flucht und schwitzt, er schimpft, und wie!

Sieht an der Ecke Leute stehen
und forscht streng im Vorübergehen:
»Verzeihung, klebt an Ihren Zehen …?«
Doch Kaugummi bleibt ungesehen.

Denn alle schütteln nur das Haupt,
und ein jeder glaubt,
er sei krank, hätt Idiotie –
dabei sucht er nur Kaugummi.

Er rennt umher, ist fast im Wahn,
weil er ihn nicht finden kann.
Und in seiner großen Not
schreit er: »Hilf mir, lieber Gott!«

Und nachdem er dieses schrie,
fällt er hin auf seine Knie,
man sieht ihn flehentlich zum Himmel schauen –
er hat noch immer nichts zu kauen.

Er springt auf, rennt weiter dann,
trifft einen alten, weisen Mann.
»Was ist, mein Sohn, was ist geschehen?«

»Habt Ihr den Kaugummi gesehen?
Er ist verloren, er ist weg,
vermutlich liegt er irgendwo im Dreck!«

»Vergiß doch diesen Kaugummi,
denn den findest du ja nie.
Laß ihn liegen, wo er ist,
und vergiß den ganzen Mist.«

»Aber ohne Kaugummi,
da fühle ich mich wie …«
»Ich weiß«, entgegnet da der Weise,
»ohne Kaugummi ist's Leben Scheiße.«

Und weiter spricht der greise Mann:
»Vergiß das Gummikauen,
fang einfach mit dem Rauchen an.
Und glaub mir, du wirst schauen –
beim Rauchen braucht man nicht zu kauen!«

Jetzt raucht er, tut es wie besessen –
und hat den Kaugummi vergessen.

Der geklaute Gartenzwerg

Wer hat meinen Gartenzwerg,
hat ihn mir geklaut?
Gestern stand er noch am Berg,
hat so lieb geschaut.

Er stand in meinem Garten
und wollte auf mich warten.
Doch heute ist er weg –
weg von seinem Fleck.

Mein Gott, war das ein Schreck:
Der Gartenzwerg ist weg!
Wär er doch noch hier,
im Garten hier bei mir!

Mein Herz ist traurig und beklommen.
Wer hat ihn denn nur mitgenommen?
Wer ging mit meinem Gartenzwerge,
wer trug ihn über sieben Berge?

Der Gartenzwerg war teuer,
hab ihn gekauft erst heuer.
Er stand im Garten an der Heck –
und nun ist da ein leeres Eck.

Der Gartenzwerg ist fort
an einem unbekannten Ort.
Der Dieb hat wärmstens sich empfohlen,
und den Gartenzwerg gestohlen.

Der Gartenzwerg ist nicht mehr da.
Das geht mir seelisch wirklich nah,
ich kann es nicht verbergen:
Er war der Schönste von den Zwergen!

Der Gartenzwerg mit roter Mütze
war im Garten mir oft Stütze.
Mit seiner Knollennase
stand er stolz im Grase.

Nun ist der Gartenzwerg verschollen.
Jemand hat ihn haben wollen.
Der Gartenzwerg, mein ganzer Stolz,
war nicht aus Plastik, nein, aus Holz!

Wer hat meinen Gartenzwerg,
hat ihn einkassiert?
Ich steh wie der Ochs am Berg
und bin deprimiert.

Ob das den Dieb wohl interessiert?

Der Sänger

Oft singt er schön, und manchmal laut,
oft singt er, daß es einen graut.
Unvermittelt, man weiß nie, wann,
fängt er auch zu grölen an.

Dann wieder röhrt er wie ein Baß,
dumpf tönend wie aus einem Faß
brummt er das tiefe C,
davon tut der Magen weh.

Jetzt schwingt die Stimme in die Höhe –
dabei verrecken alle Flöhe.
Die Gläser klirren, wollen springen,
doch plötzlich hört er auf zu singen.

Der Hals ist ihm wie zugeschnürt,
und sein Kehlkopf heiß.
Sicherlich, Sie fragen sich:
Woher ich all dies weiß?

Nun gut: Der Sänger – der bin ich!

Ärger

Ich hab ’ne Wut, ich ärgere mich
über mich und über dich –
und alles nervt mich sehr.
Ärger macht das Leben schwer.

Selbst die Fliege an der Wand
bringt mich außer Rand und Band.
Auch im Auto, im Verkehr,
ärgert mich so manches sehr.

Kommt meine Frau zu spät nach Haus,
schon flipp ich aus!
Es tobt das Adrenalin
durch die Adern schäumend hin.

Das Finanzamt will mein Geld,
doch darum ist es schlecht bestellt,
und ich find es gar nicht gut –
o Mann, hab ich ’ne Wut!

Alle lassen mich im Stich,
das ärgert mich so fürchterlich.
Braucht man einen, ist keiner da,
und alle machen bloß Trara.

Am Abend, der Fernsehapparat
hat nur ein Sch…-Programm parat,
und während ich so auf die Scheibe glotze,
sitz ich voll Ärger da und motze.

»Wetten daß?« ist, wirklich wahr,
auch nicht, was es einmal war.
Thomas Gottschalk belabert alle –
und mir schlägt's kräftig auf die Galle.

Mein Hund, er hat zuviel gefressen.
Jetzt ist's ihm nicht mehr gut.
Den Hund kann ich für heut vergessen,
o Mann, hab ich 'ne Wut!

Das Wetter ist heut wieder schlecht.
Nur weiter so, so ist es recht!
Das schlechte Wetter ist von Dauer –
macht mich vor Ärger richtig sauer!

Laut schrillt im Flur das Telefon –
ist ja gut, ich komme schon.
»Hallo? Hallo, wer ist denn dran?«
Keiner. – Wie mich das ärgern kann!

Ich red mit meinem Nachbarn,
mir wird vor Ärger schlecht.
Sosehr ich ihn umgarn,
der Kerl hat immer recht!

So geht es an fast allen Tagen,
der Ärger schlägt mir auf den Magen,
er schlägt mir auf die Galle,
auf daß sie überwalle!

Die größte Wut hab ich auf mich:
Jawohl, ich bin ein Wüterich!
Hab stets ein grantiges Gesicht,
drum haß ich auch dieses Gedicht –
ich find es einfach ärgerlich!

Der Kühlschrank

Manchmal hab ich das Gefühl,
in meinem Kühlschrank ist's recht kühl.
Und ich weiß:
Das kommt vom Eis.

Das Eis, es ist eiskalt –
und kühlt mir meinen Kühlschrank bald.
Denn vermutlich: Ohne Eis,
wär der Kühlschrank eher heiß.

Und statt einem Eisschrank
hätt ich einen Heißschrank,
doch das wär ein Schwachsinn,
es bliebe ja nichts kühl drin.

Die Milbe

Im Schlafzimmer saß eine Milbe,
fraß ganz still, sprach keine Silbe.
Da kam der Staubsauger hervor
mit seinem langen Ansaugrohr.
Damit saugt er die Milbe ein,
tief in seinen Bauch hinein
mit seinem langen Ansaugschlauch.
Nun hat die Milbe er im Bauch.
Und viele andere Milben auch.

Die Milbe sprach: »Ich glaub,
hier herinnen ist viel Staub!
Hier halt ich's ganz gut aus
und möchte eigentlich nie mehr raus.
Nur eines ist ein Ungemach:
Hier ist leider zu viel Krach!
Zudem ist's hier, wie ich find,
zugig oft und zuviel Wind.
Das wird mir irgendwie zu kalt,
und sowieso erfrier ich bald.«

Die Milbe dacht: »Ich gehe!
Auch wenn ich hier nichts sehe.«
Sie spaziert durchs Ansaugrohr,
spaziert zu dessen Ende vor,
dem Ende von dem Ansaugrohr,
und landet, sie glaubt's fast nimmer –
wieder im Schlaraffenzimmer.
Doch es kommt noch schlimmer:
Im Schlafzimmer saß besagte Milbe,
fraß ganz still, sprach keine Silbe,
da kam der Staubsauger hervor,
Mit seinem langen Ansaugrohr…

(… und so weiter und so fort …
Wer will, kann hier weiterdichten. Mir reicht's!)

Der Schnellhefter
(fängt gut an und hört schlecht auf)

Hab ich dringende Geschäfter,
brauch ich meinen schnellen Hefter,
mit dem ich all die vielen Blätter
zusammenbinde.
Damit ich sie, falls ich sie brauch,
möglichst schnell auch wiederfinde.

Eines Tages ging das so:
Mein Boß ruft an, und ich war froh,
denn mir war ja sonnenklar,
daß mittels meines Hefters
alles wunderbar geordnet war.

So sprach der Chef: »Nun schau er!
Ich brauch 'ne Info, und zwar genauer!
Wenn Sie die haben, will ich Bescheid,
und hab ich Ihren Schlaf gestört,
dann tut's mir herzlich leid.«

Frohgemut nehm ich geschwind
all die vielen Blätter,
die mittels meines schnellen Hefters
so wunderbar geordnet sind.

Ich suche für den Chef das Blatt,
damit er's allerschnellstens hat.
Ich blättre hin, ich blättre her,
Infos finden ist nicht schwer.

Doch schon fliegt das erste Blatt!
Weil mein schneller Hefter
nämlich nicht geheftet hat!
Ich krieg zuviel,
man glaubt es nich.
Dieser blöde Hefter
läßt mich total im Stich!

Ich flippe aus,
ich spring im Dreieck,
und schwöre mir:
Ich schmeiß den Hefter
auf den Mist, nein, in den Dreck.

Tags darauf hab ich dann ungelogen
den Hefter mittels meines rechtes Fußes
am Fußboden –
verbogen!

Die Zeitung

In der Zeitung kann man lesen
das, was gestern so gewesen.
Sie bringt viel Neues dir ins Haus
nach dem Schmökern fliegt sie raus.

Doch das muß nun gar nicht sein,
denn rupft man die Zeitung klein,
kann sie gute Dienste tun –
oft als Einlage in Schuhn.

Auch hält sich wohl so mancher Fisch
in der Zeitung länger frisch.
Gemüse, eingewickelt in Papier,
das ist gut, das glaube mir.

Auch auf dem stillen Örtchen
freut dich das gedruckte Wörtchen,
denn fehlt die Rolle auf dem Klo,
bist du um die Zeitung froh.

Will man mal die Wände streichen
und der Boden soll nicht weichen,
leg ich die gute Zeitung aus
und sauber bleibt das ganze Haus.

Notfallmäßig Kinder kriegen?
Frauen auf der Zeitung liegen!
So manche Mutter, schlapp und matt,
gebiert schon auf dem Tagesblatt.

Recycling ist ein großes Wort,
doch jeder wirft die Zeitung fort!
Groß ist ihr Verwendungszweck
drum wirf die Zeitung niemals weg!

Drama bei den Nachbarn

Otto und Elisabeth
war'n ein Paar und durchaus nett.
Doch leider ist da was passiert:
Elisabeth hat Otto – massakriert.

Drum hör mir zu und spitz das Ohr,
denn so was kommt nur selten vor:

»Gute Nacht, ich geh ins Bett!«
sagt Otto zu Elisabeth.
»Keine Angst, ich komm dazu,
denn auch ich hätt gerne Ruh!«

Otto sucht sich seine Lage.
Schon geht's los, die Schnarcherplage!
Schnarchen, das kommt schon mal vor,
doch Otto dröhnt aus vollem Rohr.

Elisabeth, schon reichlich sauer,
liegt nun ständig auf der Lauer.
Otto gurgelt, pfeift und schmatzt,
Elisabeth der Kragen platzt.

Elisabeth ihn zwickt und kneift,
doch Otto fröhlich weiterpfeift.
Sie hält ihm zu die Nase:
»Noch ein Schnarcher und ich rase!«

Elisabeth nicht schlafen kann,
es sägt der gute Ehemann.
Baum um Baum wird da gefällt
wohl alle Bäume dieser Welt!

Otto wirft sich, stöhnt und japst.
Elisabeth durchs Dunkel tapst.
Sie greift sich Zudecke und Kissen.
Ach, wie wird sie die Matratze missen!

Otto wird nun immer schlimmer.
Elisabeth geht aus dem Zimmer.
Otto kräftig weitersägt,
Lisbeth sich aufs Sofa legt.

Sie liebte ihren Otto sehr,
doch schließlich konnte sie nicht mehr.
In einer dunklen Schnarchernacht
hat sie den Otto umgebracht …

Die Jahreszeiten

Immer wenn der Frühling kommt
    und die Blättlein sprießen –
vom Süden laue Winde wehen –
will es die Laune mir verdrießen –
denn dieser Frühling wird vergehen …

Immer wenn der Sommer kommt
    und die Früchte reifen –
vom Süden laue Winde wehen –
könnt' ich auf diesen Sommer pfeifen –
denn dieser Sommer wird vergehen …

Immer wenn der Herbst dann kommt
    und die Ernte ist vorbei –
vom Osten kühle Winde wehen –
ist mir alles einerlei –
denn dieser Herbst, er wird vergehen …

Immer wenn der Winter kommt und die Flocken fliegen –
vom Norden kalte Winde wehen –
könnt' ich Depressionen kriegen –
denn dieser Winter wird vergehen …

(Dieses Gedicht ist für die nächsten hundert Jahre gültig.)

Die Selbsteinschätzung

Viele, die mich kennen –
egal ob nah, ob fern –
wissen, daß ich gerne schreibe.
Doch:
Ich schreibe wirklich gern!

Manches Mal ist's nicht so toll,
es will nicht so recht gehen.
Ich weiß nicht, was ich schreiben soll,
und sehe mich total
mental im Nebel stehen.

Ich denke hin, ich denke her,
was soll ich denn bloß schreiben?
Mein Gehirn ist gähnend leer –
oder laß ich es für heute
vielleicht besser bleiben?

Das gibt's doch nicht – das kann nicht sein!
Normalerweise ist es leicht –
mir fällt doch immer etwas ein!
Ist mein Gehirn vielleicht am Ende –
ist es etwa aufgeweicht?

Da! Plötzlich kommt der Musenkuß!
Es geht, das ist doch der Beweis!
Und ich fang zu schreiben an,
jawohl, ich schreibe wieder –
doch eigentlich nur Scheiß …

(Und daran hat sich bis heute nichts geändert …)